DECLARAÇÃO

Eu,_____,
_____ anos, natural da cidade de _____
_____, Estado _____,
abaixo assinado, **DECLARO** ser de minha livre e esclarecida vontade a realização deste Tratamento de Choque.

_____
Cidade e data

_____
Assinatura

TRATAMENTO DE CHOQUE

LUCINHO BARRETO

Copyright © 2018 por Lucinho Barreto

Todos os direitos desta publicação são reservados por Vida Melhor Editora LTDA.

As citações bíblicas são da Nova Versão Internacional, a menos que seja especificada outra versão da Bíblia Sagrada.

Os pontos de vista desta obra são de total responsabilidade de seu autor, não refletindo necessariamente a posição da Thomas Nelson Brasil, da HarperCollins Christian Publishing ou de sua equipe editorial.

Publisher: Omar de Souza

Gerente editorial: Samuel Coto

Editor: André Lodos Tangerino

Assistente editorial: Bruna Gomes

Edição de texto: Daila Fanny

Revisão: Bruna Gomes

Projeto gráfico, capa e diagramação: Maquinaria Studio

CIP-BRASIL. CATALOGAÇÃO NA PUBLICAÇÃO
SINDICATO NACIONAL DOS EDITORES DE LIVROS, RJ

B263t   Barreto, Lucinho

        Tratamento de choque / Lucinho Barreto. - 1. ed. - Rio de Janeiro : Thomas Nelson Brasil, 2018.
        224 p. : il. ; 23 cm.

        ISBN 9788578609825

        1. Jesus Cristo. 2. Fé. 3. Cristianismo. I. Título.

18-49280   CDD: 248.4

                                      CDU: 27-584

Thomas Nelson Brasil é uma marca licenciada à
Vida Melhor Editora LTDA.
Todos os direitos reservados à Vida Melhor Editora LTDA.
Rua da Quitanda, 86, sala 218 - Centro
Rio de Janeiro - RJ - CEP 20091-005
Tel: (21) 3175-1030
www.thomasnelson.com.br

TERMO DE CONSENTIMENTO INFORMADO

Não sou médico. Pelo contrário. Sou doente e louco. Louco por Jesus.

Neste livro, quero convidar você a desenvolver essa doença comigo e perder-se nela. Por mais doido que possa parecer — e acredite, é! — foi nesta doença que encontrei vida e cura para os meus verdadeiros problemas; eu e mais alguns amigos que você vai conhecer nas próximas páginas.

Ser louco por Jesus é um estilo de vida. Vai muito além de comprar uma camiseta, uma Bíblia, um pôster ou qualquer outro objeto com os dizeres "Louco por Jesus" e sair por aí tirando onda de ser *Jesus Freak*. Isso é fácil, qualquer um consegue fazer. Ser louco por Jesus de verdade é muito mais profundo que isso, porque significa morrer pra si mesmo e ter prioridades totalmente diferentes das deste mundo. É por causa disso que quando o mundo olha pra um louco por Jesus, ele se sente confrontado, ameaçado e, de certa forma, atraído por alguém com um estilo de vida tão genuíno, do tipo que não se encontra mais facilmente por aí.

Esse livro é indicado para qualquer um que tenha o desejo sincero de amar mais a Jesus e fazer com que ele cresça cada vez mais em sua vida e por meio dela. Na próxima página, você já encontra os detalhes de como usar este livro.

Só há uma contraindicação: este livro não funciona com quem é (se acha) santo. Como o Mestre disse: "Não são os que têm saúde que precisam de médico, mas sim os doentes. Eu não vim para chamar justos, mas pecadores" **(Marcos 2:17).**

Se você é doente e pecador como eu, bem-vindo ao clube menos digno da Terra. Grite comigo: JESUS, EU PRECISO DE VOCÊ!!!

PR. LUCINHO BARRETO

TERMO DE CONSENTIMENTO INFORMADO (cont.)

Cláusula 1 — Da natureza do Tratamento

O Tratamento de Choque é totalmente invasivo, não respeita nenhuma limitação ou restrição do paciente e não está nem aí para isso (pois sabe da transformação benéfica que pode trazer ao paciente).

Cláusula 2 — Da eficácia

O Tratamento de Choque possui 100% de eficácia nos casos em que os pacientes reconhecem que são uns vacilões.

Cláusula 3 — Dos efeitos colaterais

§1. Ao longo dos milênios em que o Tratamento tem sido ministrado, verificou-se a manifestação dos seguintes efeitos colaterais: choro acompanhado de alegria; desejo de se santificar; reconhecimento de pecados e surgimento de fé autêntica.

§2. Em alguns casos, há relatos de vozes que pretendiam boicotar o tratamento. Esses casos foram resolvidos com mais dedicação à reeducação alimentar (Fase 3).

Cláusula 4 — Do procedimento

O paciente participará de uma sessão diária (apenas uma por dia) com um dos médicos da Junta Médica. Ao fim de cada seção, receberá uma prescrição que deve ser seguida à risca.

Estou de acordo com os termos do Tratamento e me comprometo a segui-los conforme indicação.

_____

Assinatura do paciente

JUNTA MÉDICA

Dr. Daniel Beltessazar

Licenças e registros
Dn 1:6; 1:17; Hb 11:33

Breve histórico
Nascido em Judá, obteve sua formação na Babilônia e na Pérsia, servindo reis com a sabedoria que recebia do Rei Supremo.

Função no Tratamento de Choque
Nutricionista espiritual

Áreas de especialidade
Jejum
Oração
Domação de leões

Onde fez residência?
Império babilônico
Império persa

Linha de tratamento
Oração preventiva

Daniel Beltessazar
Dr. Daniel Beltessazar

DR. HABACUQUE PROFETTI

Licenças e registros
Hc 1:1

Breve histórico
Profeta profissional e músico nas horas vagas, anunciou punição aos perversos e sobrevivência aos que tem fé.

Função no Tratamento de Choque
Reconstituição terapêutica

Áreas de especialidade
Criação de esperança
Oração
Poesia profética

Onde fez residência?
Cidades de Judá
Torre da sentinela

Linha de tratamento
Questionamento

Habacuque Profetti
Dr. Habacuque Profetti

DR. JOÃO BATISTA

Licenças e registros
Is 40:13; Lc 1:13-17; Jo 1:15-34

Breve histórico
Segue na linha de atuação do ancestral Dr. Elias, confrontando pecados e chamando pessoas ao arrependimento.

Função no Tratamento de Choque
Anti anestesista

Áreas de especialidade
Arrependimento preparatório
Confissão de pecados
Gafanhotos grelhados

Onde fez residência?
Deserto da Judeia
Região do Jordão

Linha de tratamento
Confronto direto

JOÃO BATISTA
Dr. João Batista

DR. LUCAS DE ANTIOQUIA

Licenças e registros
Lc 1:1-4; At 1:1; 16:10; Cl 4:14

Breve histórico
Formado em medicina tradicional em Antioquia, especializou-se em Tratamento de Choque com o famoso Dr. Paulo de Tarso.

Função no Tratamento de Choque
Imunização

Áreas de especialidade
Criação de amizades
Contação de histórias
Ensinamento

Onde fez residência?
Antioquia da Síria
Ásia Menor e Roma

Linha de tratamento
Relato investigativo

Lucas de Antioquia
Dr. Lucas De Antioquia

DRA. MARIA DE BETÂNIA

Licenças e registros
Mc 14:9; Lc 10:38-41; Jo 20:10-18

Breve histórico
Pupila do Dr. Jesus de Nazaré, Dra. Maria de Betânia destacou-se por sua dedicação em ouvi-lo e estudar suas palavras.

Função no Tratamento de Choque
Almaterapeuta

Áreas de especialidade
Testemunha de milagres
Bio extravagância
Adoração

Onde fez residência?
Betânia
Jardim do túmulo

Linha de tratamento
Autoanálise

Maria de Betânia
Dra. Maria de Betânia

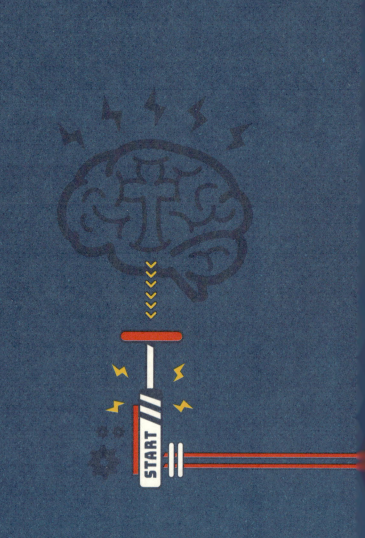

Dr. JOÃO BATISTA

Data: _____
Horário: _____

SESSÃO
01

QUEM É VOCÊ E O QUE VOCÊ TÁ FAZENDO AQUI?
Nome: _____
Idade: _____
Quer fazer o tratamento por quê?
_____
_____
_____
_____

Não gostei da sua cara. Já quero começar deixando uma coisa bem clara: **ESTE TRATAMENTO NÃO GIRA EM TORNO DE VOCÊ.**

Ficou claro? Você não é a parte mais importante, essencial, fundamental do que vamos tratar. VOCÊ É A PARTE PROBLEMÁTICA — é por isso que está em tratamento. Entendeu, ou preciso repetir?

Esse é o primeiro passo do seu tratamento: baixar a SUA bola. Tirar você do centro da sua vida, tirar esses seus sonhos do telão da sua cabeça pra colocar só uma coisa: ELE.

Enquanto você estiver ocupando todo espaço, Jesus não vai reinar na sua vida. Mas ele não se contenta só com um cantinho. OU TUDO, OU NADA.

Então, me faz um favor: some! Enquanto você não desaparecer, ELE não vai crescer.

Prescrição:

PEGA O BENDITO DO SEU CELULAR E FAÇA UMA COISA REALMENTE ÚTIL COM ELE: PROGRAME O DESPERTADOR PARA SOAR A CADA 2 HORAS. QUANDO ELE TOCAR, SE LEMBRE DESTA FRASE: <u>É NECESSÁRIO QUE ELE CRESÇA E QUE EU DIMINUA</u> (JOÃO 3:30).

ESCREVA ESSA FRASE UMAS MIL VEZES AQUI EMBAIXO, PRA TER CERTEZA DE QUE VOCÊ NÃO VAI ESQUECER:

DEIXE O ALARME PROGRAMADO POR CINCO DIAS. SÃO CINCO DIAS ENQUANTO SEGUE O TRATAMENTO. SE VOCÊ NÃO APRENDER NADA COM ISSO, NEM PRECISA VOLTAR.

Rua Nazaré, 33
Jardim Alto da Babilônia

ÍNDICE **LPJ**

Dr. LUCAS DE ANTIOQUIA

Data: _____

Horário: _____

SESSÃO 02

> Tem as pessoas que creem e as que querem crer.
>
> Muita gente crê em Jesus só pra ir pro céu quando morrer. Ou, para ser mais exato, para não ir para o inferno. É o cara que tá com pressa e não lê o contrato. Só pergunta: "Assino onde?".
>
> Gente assim não é louca por Jesus. Nem sabe quem é Jesus. Não desfruta das bênçãos espirituais reservadas para ela nas regiões celestiais, como escreveu um amigo meu, porque não tem fé de que Jesus é capaz de fazer essas coisas **(João 12:1-8)**.
>
> Fé não é um sentimento; é uma decisão. É colocar todas as fichas num único número na mesa de aposta. É dar o passo pra depois Deus colocar o chão. É viver o céu ainda na terra, pra glória do Salvador.

Prescrição:

Você crê em Jesus? Quer realmente ser louco por ele? Se sim, então você precisa se aproximar mais dele.

Você vai fazer isso hoje levando Jesus aonde você for. Como? Em tudo o que você fizer, pergunte-se: O que Jesus faria nessa situação? Ele assistiria a esse seriado? Sairia com essa galera? Ligaria pra essa pessoa? Mandaria essa mensagem? Etc., etc.

Ao fim de um dia inteirinho com Jesus, anote aqui as coisas que você fez de um jeito diferente porque estava fazendo do jeito que Jesus faria.

Esse sou Eu levando Jesus comigo, onde quer que eu vá!

Rua Nazaré, 33
Jardim Alto da Babilônia

ÍNDICE LPJ

Dr. JOÃO BATISTA

Data: _____

Horário: _____

SESSÃO
03

Desenha aí o novo convertido:

```
Mora na igreja
```

```
Considera um privilégio ser
motivo de piada por causa de
Cristo
```

```
Frequenta todas as reuniões,
inclusive o culto das senhoras
```

```
Chora cada vez que ouve
o nome de Jesus
```

```
Vai pra igreja até com
as duas pernas quebradas
```

Prescrição:

AGORA, DESENHE O VELHO CONVERTIDO:

ACHA QUE JÁ "PASSOU DESSA FASE". DE SER LOUCO E PENSA QUE SÓ TEM DE LIDAR COM ASSUNTOS MAIS "PROFUNDOS."

PEDE A DEUS PRA QUEBRAR A UNHA PRA NÃO TER DE IR PRO CULTO

FICA INCOMODADO COM A TINTA QUE ESCOLHERAM PRA PINTAR A PAREDE DO TEMPLO

JESUS É ASSUNTO APENAS DAS RODINHAS COM OUTROS CRENTES

NÃO DEIXE CRISTO DE FORA DE NADA DA SUA VIDA. ENFIA JESUS EM TUDO. DEIXA SEU PROFESSOR DE FACULDADE TE XINGAR POR CAUSA DO SEU FANATISMO, SEUS PARENTES CRISTÃOS TIRAREM SARRO POR VOCÊ DAR O DÍZIMO. TALVEZ SEJA O QUE VOCÊ PRECISA PARA INCENDIAR A LOUCURA POR JESUS NO SEU CORAÇÃO.

Rua Nazaré, 33
Jardim Alto da Babilônia

ÍNDICE **LPJ**

Dra. MARIA DE BETÂNIA

Data: _____

Horário: _____

SESSÃO 04

Quais são suas fraquezas?

Imagine que a sua vida é como uma cidade toda cercada por um muro. Tem lugares em que o muro alcança 15 metros de altura, mas há outros em que ele só tem 30 centímetros. Por onde você acha que o inimigo vai entrar? Por onde é mais fácil, claro.

O diabo vai tentar você nas áreas em que seu muro é mais baixo, naqueles pontos em que você tem dificuldade em se controlar.

Não existe nenhuma pessoa que não tenha áreas frágeis. O louco por Jesus sabe disso, sabe quais são as áreas da sua vida em que ele está ferrado. Mas isso não é tudo: ele pausa a vida para tratar dessas áreas. O louco por Jesus não quer dar uma de herói porque sabe que Satanás pode acabar com ele simplesmente com uma tentaçãozinha num ponto frágil.

Quem confessa tentação não vai precisar confessar pecado.

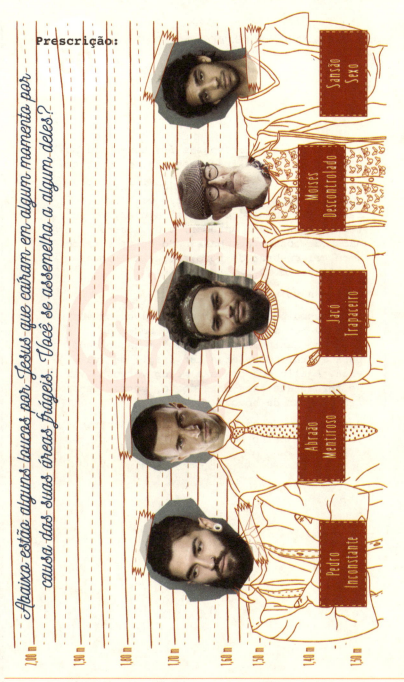

Dr. HABACUQUE PROFETTI

Data: _____

Horário: _____

SESSÃO
05

Se Deus não quebrar nossas fraquezas pra nos consertar, nossas fraquezas vão nos quebrar.

Você pode tentar fazer esse autoconserto quantas vezes quiser, mas não vai ter resultado. Um namoro não vai ajudar, um terapeuta não vai arrumar, o seu pastor não pode consertar. Mais cedo ou mais tarde, você vai quebrar de novo, naquela fraqueza ou ali perto.

Qual é a solução?

Deus mesmo pode quebrar você uma única vez e preencher a rachadura com o poder do Espírito Santo. Somente ele tem capacidade para entrar nessa área tão frágil da sua vida. Aquilo que era sua maior vergonha vai se tornar sua área mais forte, porque nunca irá quebrar de novo.

Você só tem de parar pra deixar o Espírito fazer o trabalho dele.

Prescrição:

Neste exato momento, qual é a sua maior fraqueza? _____

_____

Separe cinco minutos — só cinco — nos próximos cinco dias, e vá para um canto em que você fique longe do celular, do PC, das pessoas, da TV, de tudo, menos deste livro. Escreva aqui uma oração confessando sua fraqueza ao Espírito Santo e pedindo a ajuda dele pra vencê-la:

_____

_____

_____

_____

_____

_____

A cada dia, refaça a oração. Conclua a sua parada com este verso:

Ficarei no meu posto de sentinela e tomarei posição sobre a muralha; aguardarei para ver o que o Senhor me dirá, e que resposta terei à minha queixa.
(Habacuque 2:1)

MOMENTO MUSICAL

Lembro de uma antiga canção — Eu quero ser — que fala sobre o que Deus, às vezes, faz conosco; ele nos quebra para, em seguida, consertar. Eu quero ser / Senhor amado / Como vaso nas mãos do oleiro / Quebra minha vida / e faça de novo / Eu quero ser um vaso novo. É isso?

Rua Nazaré, 33
Jardim Alto da Babilônia

ÍNDICE **LPJ**

Dr. LUCAS DE ANTIOQUIA

Data: _____

Horário: _____

SESSÃO
06

Deus tratou Jacó em sua área mais frágil — a trapaça. E ele deixou um sinal indicando que havia consertado Jacó de uma vez por todas: tocou na articulação da coxa dele, de modo que Jacó ficou mancando de uma perna para o resto da vida.

Deus deixou a cicatriz pra lembrar Jacó de que não era pra ele sair mancando da briga. Era pra ele sair MORTO. Mas nem Jacó, nem você e nem eu estamos mortos porque Deus consertou com ouro o que antes era uma grande rachadura frágil.

É por isso que Deus não se importa de se apresentar como o Deus de Jacó — literalmente, "O Deus do trapaceiro"— porque agora não há mais trapaça; há uma cicatriz que aponta para a graça de Deus.

Você está pronto para uma cicatriz?

Prescrição:

Jacó lutou contra Deus. Hoje você vai buscar um companheiro de luta — não pra batalhar contra ele, mas pra que ele ajude você na sua batalha contra o pecado.

Procure alguém em quem você confia e confesse a ele sua fraqueza. Satanás quer que a gente mantenha segredo do nosso pecado, pra nos enfraquecer ainda mais. Mas nós confessamos nossas falhas uns aos outros para sermos curados (Tiago 5:16).

Quem será seu companheiro de luta?

_____

Copie aqui o verso de Tiago 5:16.

_____
_____
_____
_____

→ Nossa roupa de batalha contra o pecado

Rua Nazaré, 33
Jardim Alto da Babilônia

Dra. MARIA DE BETÂNIA

Data: _____

Horário: _____

SESSÃO 07

"A ocasião faz o ladrão." Não é bem assim... A ocasião só revela o ladrão.

Tem gente que nunca roubou porque nunca teve oportunidade. Tem gente que nunca se prostituiu porque ninguém deu mole.

A área frágil pode ficar adormecida durante anos, mas ela está lá. São como doenças que ficam incubadas por anos, sem demonstrar nenhum sintoma.

Suas áreas não tratadas irão aparecer, mas apenas nas horas mais inconvenientes.

O que você tem de fazer? Conhecer seus pontos forte e os fracos, para trabalhar nos fracos, em vez de continuar a se dedicar aos fortes. É só assim que você pode alcançar o equilíbrio.

Prescrição:

Liste aqui suas áreas de força e de fraqueza. Converse aberta e honestamente com o Senhor Jesus sobre cada uma delas. Se quiser, pode anotar sua oração nesta página.

forças — fraquezas

Dra. MARIA DE BETÂNIA

Data: _____

Horário: _____

SESSÃO **08**

Pessoas que nunca cometeram erros sérios na vida (aos olhos dos outros, porque aos olhos de Deus todo erro é sério) têm um dedo muito apontado para quem errou. Essas pessoas só se esquecem de um detalhe: o teto delas também é de vidro.

Jesus não teve de morrer só por gente muito ruim. Ele também teve de morrer por gente muito boa. Bons ou ruins, todos são pecadores e precisam desesperadamente de salvação: a prostituta e a virgem; o homossexual e o pastor.

O louco por Jesus não se sustenta no que ele faz de bom ou no que nunca fez de mal. Ele se sustenta na obra de Jesus na cruz. Ponto final.

Prescrição:

Você já censurou alguém por ter achado que essa pessoa era mais pecadora que você?

Se já — é bem possível que sim, quase todo mundo já fez isso —, confesse a Deus o seu pecado. Depois, procure essa pessoa e confesse isso a ela. Peça perdão por tê-la julgado. Conversem sobre o quanto vocês dois são carentes de Jesus e o quanto apenas ele pode justificá-los perante o Pai.

Quero saber depois como foi o papo.

Rua Nazaré, 33
Jardim Alto da Babilônia

Dr. JOÃO BATISTA

Data: _____

Horário: _____

SESSÃO
09

Quer ver a sua alegria ir pro espaço? Peque e não confesse.

O pecado que você esconde e mima como se fosse um bichinho de estimação não vai tirar a sua salvação, mas certamente vai detonar sua alegria de ter sido salvo.

A tentativa de conciliar alegria e pecado é tão enganosa quanto misturar água e óleo. **NÃO TEM JEITO DE PECAR E SER FELIZ!!!**

Quando você sai por aí fazendo o que não deveria, dizendo o que não deveria, beijando boca de quem nem conhece, a alegria joga um beijinho de volta e diz: "Tchau, seu lindo, tô indo embora!"

É triste, mas é verdade: você vai pecar. Mas isso não significa viver pecando. Confesse e abandone seus pecados para ser louco de verdade.

Prescrição:

HORA DE CONFESSAR OS PECADOS. NADA DAQUELA CONFISSÃO POR ATACADO: "JESUS, PERDOA MINHA MULTIDÃO DE PECADOS!". SE VOCÊ REALMENTE QUER ALCANÇAR UMA MUDANÇA, SEJA ESPECÍFICO EM SUA CONFISSÃO. EM CADA ESPAÇO, ESCREVA UM PECADO QUE TEM SIDO UM GRANDE PESO NA SUA VIDA.

PECADO: ___
QUANDO COMETI: ___
CONTRA QUEM COMETI: ___

PECADO: ___
QUANDO COMETI: ___
CONTRA QUEM COMETI: ___

PECADO: ___
QUANDO COMETI: ___
CONTRA QUEM COMETI: ___

PECADO: ___
QUANDO COMETI: ___
CONTRA QUEM COMETI: ___

AGORA QUE CONFESSOU, RECORTE OS QUADRADOS E ATEIE FOGO OU JOGUE NO LIXO. COMO O DR. NAZARENO DIZ: "VÁ E NÃO PEQUES MAIS."

Rua Nazaré, 33
Jardim Alto da Babilônia

ÍNDICE **LPJ**

Dr. JOÃO BATISTA

Data: _____

Horário: _____

SESSÃO
10

Eu não fui chamado para ser fofo e nem pra você concordar comigo. Se não gosta de mim, não tô nem aí.

Fui chamado para dizer a verdade, e a disse tanto pra camponês como pra soldado, tanto pra fariseu como pro governador da Judeia.

Resultado? Perdi a cabeça (literalmente).

Mas, olha, só! Você também tem o mesmo chamado. Você não foi escolhido para ser a pessoa mais cool da sua roda de amigos. Você foi chamado pra testemunhar de Jesus dentro da sua roda de influência. Não importa o que eles vão pensar de você e nem o que isso vai custar.

Se você tem medo das consequências, sinto lhe informar que ainda não está pronto pra ser louco por Jesus.

Mas é por isso que estamos aqui, não é verdade?

Prescrição:

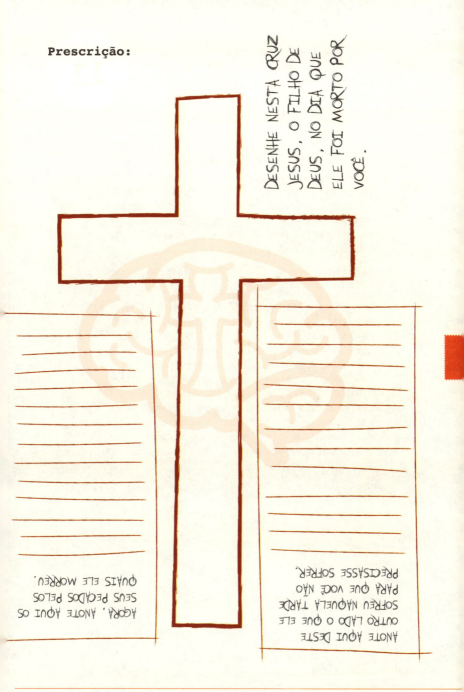

Desenhe nesta cruz Jesus, o Filho de Deus, no dia que ele foi morto por você.

Agora, anote aqui os seus pecados pelos quais ele morreu.

Anote aqui deste outro lado o que ele sofreu naquela tarde para que você não precisasse sofrer.

Rua Nazaré, 33
Jardim Alto da Babilônia

ÍNDICE **LPJ**

Dr. LUCAS DE ANTIOQUIA

Data: _____

Horário: _____

SESSÃO
11

Louco por Jesus é uma pessoa que tem um amor e um compromisso com Jesus acima da média. É uma pessoa que ama a Cristo radicalmente. Ele não é melhor que ninguém, mas também não se conforma em simplesmente ir pro céu quando morrer. Isso é pouco.

Ele quer que o céu venha antes dele ir pra lá.

Loucos por Jesus querem viver apaixonadamente por Deus aqui, nessa realidade. Isso causa um incômodo nos que não são loucos por Jesus, ou nos "normais" de Jesus. São considerados "estranhos, aberrações, pirados". Mas o louco por Jesus não se importa nem um pouco de ser chamado de louco. Na verdade, pro louco por Jesus, qualquer maltrato que ele receber por causa do seu Senhor é uma grande honra.

Prescrição:

Hoje você vai fazer uma coisa MUITO DOIDA que vai realmente provar se você é capaz de ser louco por Jesus ou não.

Pegue seu telefone.

Ligue pra qualquer número.

Quando a pessoa atender, diga:

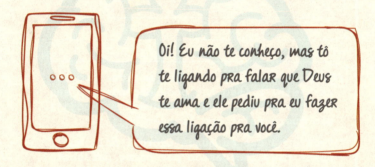

Oi! Eu não te conheço, mas tô te ligando pra falar que Deus te ama e ele pediu pra eu fazer essa ligação pra você.

Depois anota aqui o que aconteceu, e se você fizesse essa loucura de novo amanhã!?

_____
_____
_____
_____
_____
_____

Rua Nazaré, 33
Jardim Alto da Babilônia

ÍNDICE LPJ

Dr. JOÃO BATISTA

Data: _____
Horário: _____

SESSÃO
12

O QUE VOCÊ NASCEU PRA FAZER, HEIN???

_____
_____

Se você já tá salvo, com o nome carimbado no livro da Vida, por que Deus não leva você no céu pra ficar contando anjo com ele?

Por que você ainda tá aqui na terra???

_____
_____
_____

Você tá aqui por um único motivo: apontar para ele. E isso não pode depender do seu bom humor! "Ai, xente, acordei mal hojjjj... Não quero falar com ninguém hojjjj."

Você acha que eu nunca acordei mal, que nunca tive indigestão por comer gafanhoto? Meu chamado sempre foi maior que isso. Os profetas Malaquias e Isaías haviam escrito sobre mim. Quem era eu pra falhar com esses caras?

Mas não sou o único. Tem uma coisa escrita a seu respeito: **"Assim como me enviaste ao mundo, eu os enviei ao mundo"** (João 17:18). Sabe quem disse isso sobre você? JESUS.

Você foi enviado por Cristo, o Filho do Deus vivo, para espalhar ao mundo a boa notícia da salvação. Não deixe um vacilo seu estragar isso.

Prescrição:

EXISTE ALGUÉM EM SUA RODA DE CONVIVÊNCIA QUE NÃO SABE QUE VOCÊ É CRISTÃO? NO TRABALHO, NA FACULDADE/ESCOLA, ENTRE SEUS VIZINHOS, NA ACADEMIA ETC.?

ANUNCIE HOJE PARA ESSAS PESSOAS, OU ASSIM QUE AS ENCONTRAR, QUE VOCÊ É CRISTÃO. SÓ ISSO. APENAS PERMITA QUE SEUS COLEGAS E AMIGOS SAIBAM QUE HÁ UM SEGUIDOR DO CRISTO ENTRE ELES.

PRATIQUE ALGUMAS OPÇÕES AQUI:

OI, _____. TÔ FAZENDO UM TRATAMENTO DE CHOQUE. E _____

OI, _____. ESSE FIM DE SEMANA, NA MINHA IGREJA, EU VOU _____

Rua Nazaré, 33
Jardim Alto da Babilônia

ÍNDICE LPJ

Dr. JOÃO BATISTA

Data: _____

Horário: _____

SESSÃO 13

O diabo tem ódio de gente louca por Jesus. Ele não se importa com dez mil cristãos normais o tanto que se importa com um louco por Jesus.

Isso porque o louco tem uma missão acima da média. A missão do normal é pagar as contas... Arrumar um hômi, uma muié... Casá... Tê uns fio...

Pro louco por Jesus, isso não basta. Nem o céu, como recompensa futura, basta. Ele quer viver o céu AGORA.

Assim, seus sonhos são acima da média. Ele quer ver o Jordão fervilhando de gente que se arrependeu dos seus pecados e quer conhecer o Salvador. Ele tem uma influência acima da média, a ponto de condenar em público todos os pecados do governador.

Mas o louco por Jesus pode ter vida curta, porque Satanás será seu arqui-inimigo todos os dias da sua vida, e ele quer fazer com você o mesmo que fez comigo: arrancar sua cabeça.

Por isso, calcule os riscos. Ser louco e posar de bonito não caminham junto.

Prescrição:

COMO SERIA PRA VOCÊ VIVER O CÉU AQUI E AGORA? DESENHE OU ESCREVA AÍ OS SEUS PENSAMENTOS.

O QUE VOCÊ PODE FAZER PRA ISSO SE TORNAR REALIDADE?

Rua Nazaré, 33
Jardim Alto da Babilônia

Dr. LUCAS DE ANTIOQUIA

Data: _____

Horário: _____

SESSÃO
14

Dar piti não toca o coração de Jesus.

Conversei com muita gente para escrever o meu relato particular da vida de Jesus, inclusive com muitas mulheres. Nenhuma delas me disse que estava tendo um chilique quando Jesus chegou até ela e lhe disse: "Minha senhora, ouvi seu chilique e vim lhe dizer que seus problemas acabaram".

Jesus nunca deu bola pra quem fez cena. Uma das coisas que mais tocou o Filho de Deus foi a fé. Onde ele viu fé, fez questão de comentar e agir.

Deus não teme seu chilique. Não se intimida com você dando murro na mesa, chamando ele pra briga. Nem com sua crise de choro e suas acusações.

Louco por Jesus não dá piti. Tem fé de que Cristo está no controle, nos ama e trabalha para que todas as coisas cooperem para o nosso bem — se amamos a ele também (Romanos 8:28).

Prescrição:

Pra evitar uma crise de piti, escreva aqui quais são as situações em que você gostaria muito de ver Cristo agindo.

Transcreva abaixo o texto de Romanos 8:28 e ore a Deus, entregando cada uma das coisas que você listou nas mãos dele e descansando na certeza de que ele está cuidando de você.

_____
_____
_____
_____
_____
_____
_____
_____
_____
_____
_____
_____
_____
_____
_____
_____
_____
_____
_____

Rua Nazaré, 33
Jardim Alto da Babilônia

Dr. JOÃO BATISTA
Data: _____
Horário: _____

SESSÃO 15

Olha só, nos encontramos novamente! Como você tem passado das últimas sessões?
_____
_____

O princípio da sessão de hoje é muito simples. Acho que até você consegue entender: **EU JÁ FUI MOLEQUE. HOJE EU NÃO SOU MAIS. SOU ADULTO!**

E você??? Que idade espiritual você acha que tem? _____. Ainda é bebezinho, minininhu, que precisa trocar a fraldinha?

Não dá pra ser louco por Jesus se você é infantil. Se fica emburradinho quando não fazem as coisas do seu jeito. Se fica dodói quando o pessoal sai e não chama você. Se pensa em sair da igreja porque o Fulano não cumprimentou você no domingo. NÃO DÁÁÁÁÁ! Louco por Jesus não tem tempo pra essas coisas! Ele tá ocupado demais pensando no Cristo, e não em si mesmo.

Antes de você ir embora achando que já é adulto, uma última coisinha: ser maduro não tem a ver com não sorrir, a viver com a cara sisuda e falar num tom de voz espiritual. Ser maduro é ser responsável por seus próprios atos, corrigir os erros e se livrar deles, em vez de ficar se justificando.

Prescrição:

MAS JÁ QUE VOCÊ AINDA É BEBEZINHO LINDINHO DA MAMÃE, FAÇA UM DESENHO BEM BONITO DE COMO VOCÊ QUER SER QUANDO CRESCER.

AGORA, FAZ UM FAVOR: VÊ SE CRESCE!!

Rua Nazaré, 33
Jardim Alto da Babilônia

Dr. HABACUQUE PROFETTI

Data: _____
Horário: _____

SESSÃO **16**

O que Jesus fez por você e por mim na cruz é mais forte do que o que você e eu fizemos de errado. Quando alguém acha que seu pecado não tem perdão, ou que fez algo que Deus não pode perdoar, essa pessoa está dizendo que o que Cristo conquistou na cruz é pequeno demais, e que a morte dele não é suficiente pra ela.

Se liga, você é um Zé. Ainda que você seja um Zé que tenha matado cristãos com clipes de papel, é IMPOSSÍVEL que você tenha cometido algum erro que esteja fora do alcance da graça de Deus.

Se você pensou: "K K K, mas você não sabe o que eu fiz!". Eu mando um "KKK" de volta e digo: "Você não sabe o que ele fez!".

O que Cristo fez é suficiente. Descanse nessa verdade.

Prescrição:

Leia este verso:

"'Esta é a aliança que farei com eles, depois daqueles dias, diz o Senhor. Porei as minhas leis em seu coração e as escreverei em sua mente'; depois acrescenta: 'Dos seus pecados e iniquidades não me lembrarei mais'. Onde esses pecados foram perdoados, não há mais necessidade de sacrifício por eles" (Hebreus 10:16-18).

Reescreva o verso usando o seu nome (Exemplo: "Esta é a aliança que farei com o João etc."):

———————————————————————————
———————————————————————————
———————————————————————————
———————————————————————————
———————————————————————————
———————————————————————————
———————————————————————————
———————————————————————————

Que segurança isso traz pra você?

———————————————————————————
———————————————————————————
———————————————————————————
———————————————————————————
———————————————————————————
———————————————————————————

MOMENTO MUSICAL

Eu vou passar pela cruz, música do PG, nos ajuda a lembrar o que o sacrifício de Jesus representa. Gosto demais dessa canção porque, na cruz, todos os nossos erros e pecados têm perdão — e as bênçãos do Senhor são nossa herança.

Rua Nazaré, 33
Jardim Alto da Babilônia

ÍNDICE **LPJ**

Dr. LUCAS DE ANTIOQUIA

Data: _____

Horário: _____

SESSÃO **17**

Cena: o monte da crucificação. Jesus e os dois ladrões.

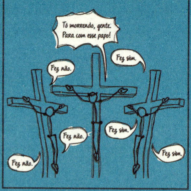
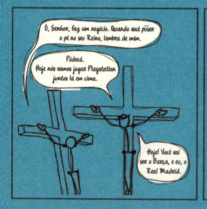

Prescrição:

O que o ladrão precisou fazer pra ir pra cruz?

_____
_____
_____
_____
_____

Pensa aí direito!

O que ele precisou fazer pra ir pro Paraíso?

_____
_____
_____
_____
_____

O que você precisou fazer pra ser condenado? (Copie a reposta 1.)

_____
_____
_____
_____
_____

O que você precisa fazer pra ir pro Paraíso? (copie a resposta 2.)

_____
_____
_____
_____
_____

Rua Nazaré, 33
Jardim Alto da Babilônia

ÍNDICE **LPJ**

Dr. HABACUQUE PROFETTI

SESSÃO 18

Data: _____

Horário: _____

Jesus tá de buenas.

Você acha que seus pobrema arrepia os cabelo dele? Não.

Você acha que crise, que chuva tiram ele do sério? Que nada!

Tá tudo dominado. Ele continua Senhor, sentado no trono. Ele é Deus. Meus pobrema e os seus, meus pecados e os seus, suas lutas e as minhas não mudam quem ele é.

Por isso, você também não pode viver debaixo das circunstâncias. Você tem de viver debaixo de quem ele é.

Quando precisar, olhe para a cruz. Esse foi o último dia na terra em que Jesus sofreu por nossa causa. A vitória é definitiva. Durma com essa.

Prescrição:

==Pra cada vez que você olhar pra si mesmo — seus pecados, sua situação ou até mesmo suas atitudes que você acha que são boas —, olhe dez vezes para a cruz.==

==Então, desenhe abaixo você 1 vez e desenhe a cruz 10 vezes.==

♪ MOMENTO MUSICAL

Jesus é o cara! David Quinlan fera do louvor musical, botou cifras nas palavras do Apocalipse e a Igreja canta, com alegria, que os seus cabelos são brancos como a neve e em seus olhos há fogo. É isso mesmo — tá tudo dominado pelo Senhor!

Rua Nazaré, 33
Jardim Alto da Babilônia

Dr. LUCAS DE ANTIOQUIA

Data: _____

Horário: _____

SESSÃO **19**

Jesus está com você o tempo todo. Mas não ter consciência da presença dele pode gerar tristeza no seu coração.

Entrevistei um cara que estava saindo de Jerusalém logo depois da morte de Jesus. Estavam ele e um amigo. Os dois eram discípulos de Jesus e estavam muito tristes com todo o acontecimento. Aí apareceu um sujeito na estrada e perguntou do que eles estavam falando. Eles ficaram assim e acharam um absurdo alguém não saber do que aconteceu naquele fim de semana: Jesus havia sido assassinado pelo Império Romano, em conchavo com os líderes judeus! Os dois ficaram a viagem inteira tristes, mas foi só no final que perceberam que o viajante desconhecido era o próprio Jesus, ressurreto dos mortos **(Lucas 24:13-32)**!

Talvez você seja distraído demais para estar consciente da presença de Jesus neste exato momento, sentado do seu lado e olhando pra sua cara.

Ele não está aí só porque ele é onipresente. Ele está aí porque VOCÊ está aí também e ele o ama. Volte sua atenção pra ele. Não tem como ficar triste com isso!

Prescrição:

Onde você está agora?
_____
_____
_____

Jesus está aí?
( ) Sim
( ) Sim

O que você imagina que ele esteja fazendo?
_____
_____
_____
_____

O que você vai dizer a ele neste momento a sós?
_____
_____
_____
_____
_____

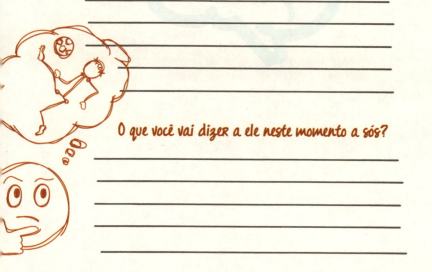

Rua Nazaré, 33
Jardim Alto da Babilônia

ÍNDICE **LPJ**

Dra. MARIA DE BETÂNIA

Data: _____
Horário: _____

SESSÃO 20

Louco por Jesus não depende de esforço próprio para ser amado pelo Pai.

Existe uma diferença enorme entre ser filho e ser funcionário. O funcionário precisa provar o seu valor para a empresa porque seu relacionamento é regido por um contrato.

O relacionamento do pai com o filho não depende de contrato. É existência. Filho não precisa bater meta para continuar filho, ele só precisa continuar sendo. Sendo o quê? Sendo filho, ué! Curtindo a presença do pai, aproveitando a bondade dele, honrando-o por meio da obediência... Ser filho é isso.

Quem se baseia no esforço próprio para conquistar o amor do Pai não é filho. É funcionário. Se você quiser ser tratado como funcionário, Jesus pode dar baixa na sua carteira hoje, porque você nunca vai atingir a meta.

Então, que relacionamento você vai escolher?

Prescrição:

CERTIDÃO DE *nascimento* OU *carteira de* TRABALHO?

Preencha a que representar melhor seu relacionamento com Deus.

Rua Nazaré, 33
Jardim Alto da Babilônia

ÍNDICE **LPJ**

Dr. LUCAS DE ANTIOQUIA

SESSÃO 21

Data: _____

Horário: _____

Nós não temos um Deus alheio. Jesus se emociona. Diante de um surdo de nascença, ele suspirou antes de fazer o milagre. Diante de Lázaro enterrado, ele chorou.

Você não está passando por nada que não emocione profundamente o Filho de Deus.

O fato de (aparentemente) Jesus não ter agido num certo instante não significa que ele não chorou com você e não sentiu sua dor. Ele sabe e vê tudo.

Jesus está por dentro de tudo. Ele se emociona com a sua alegria e se entristece com a sua dor. Ele não deu corda no mundo e foi pro seu camarote celestial ver as coisas funcionando. Jesus tá dentro do seu contexto.

Prescrição:

Eu adoro histórias. Escrevi meu primeiro livro (Evangelho de Lucas) com base em dezenas de histórias dos loucos que encontraram Jesus cara a cara.

Se eu fosse fazer um Evangelho de Lucas Reloaded, ia querer incluir a SUA história. Conta aí como foi que Jesus apareceu na sua vida, deu um sentido novo pra tudo e fez você ver além das dificuldades do momento.

_____
_____
_____
_____
_____
_____
_____
_____
_____
_____
_____

Agora, relembre essa história pra você mesmo hoje. E repita amanhã. E depois de amanhã, outra vez. Você não precisa de comprovações mirabolantes de que Jesus está aí contigo agora. Sua própria caminhada com ele é prova disso.

Rua Nazaré, 33
Jardim Alto da Babilônia

ÍNDICE LPJ

Dra. MARIA DE BETÂNIA

Data:_____

Horário:_____

SESSÃO
22

Não sei se já contei para você, mas Jesus ressuscitou meu irmão um tempo atrás. Ele nem apareceu para o funeral. Chegou quatro dias depois.

Quando soube que ele havia chegado, a primeira coisa que lhe disse foi: "Se você estivesse aqui, meu irmão não teria morrido".

É verdade, Lázaro talvez não tivesse morrido. Mas se Jesus tivesse chegado antes, não haveria ressurreição. Se Jesus tivesse chegado antes, não seria necessário crer no impossível.

Não conheço você muito bem, mas posso afirmar com 100% de certeza que sua situação não é pior nem mais urgente e nem mais impossível que a do meu irmão.

Eu achei que Jesus estava demorando. Mas ele estava na hora. Eu é que estava adiantada demais. Ser louco por Jesus é crer que ele sabe ver as horas. "Se você cresse, veria a glória de Deus" **(João 11:40).**

Prescrição:

Copie aqui os versos de *1Coríntios 2:9-10*

_____
_____
_____
_____
_____
_____
_____
_____
_____
_____

Que situações na sua vida você acha que terão de morrer para que você e as outras pessoas vejam a glória de Deus (parafraseando João 11:40)?

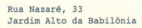

Rua Nazaré, 33
Jardim Alto da Babilônia

Dra. MARIA DE BETÂNIA

Data: _____

Horário: _____

SESSÃO
23

Jesus viu o milagre antes de ele acontecer. Olha o que ele orou: "Pai, eu te agradeço porque me ouviste. Eu sei que sempre me ouves, mas disse isso por causa do povo que está aqui, para que creia que tu me enviaste" **(João 11:41).**

Você quer o milagre ou a glória de Deus? Jesus ressuscitou Lázaro para que os meus vizinhos cressem que ele havia sido enviado pelo Pai. Foi preciso que Lázaro saísse do túmulo para que eles cressem que Jesus não era apenas um amigo da família, mas que era Deus. Jesus deixou que Lázaro morresse para que ele fosse ressuscitado. Ele sofreu em meio a isso, chorou com a gente — apesar de saber que dali cinco minutos a gente estaria desenfaixando o meu irmão.

O milagre não era para mim, nem pra Marta e nem mesmo para Lázaro. O milagre era para ele. Para ele ser glorificado pela gente, pelos discípulos dele, pelos nossos vizinhos. Ele pode e merece isso, porque Jesus é Deus. E que honra é poder morrer para que ele nos ressuscite e receba a glória por isso depois.

Prescrição:

QUE SITUAÇÃO DA SUA VIDA HOJE ⊕ glorifica Jesus?

Reconte essa sua história aqui, como João contou a história do Lázaro, colocando a ênfase nos atos de Jesus, mais do que nos seus atos e na sua situação.

_____
_____
_____
_____
_____
_____
_____
_____
_____
_____
_____
_____
_____

Rua Nazaré, 33
Jardim Alto da Babilônia

Dra. MARIA DE BETÂNIA

Data: _____

Horário: _____

SESSÃO **24**

> Um sinal de saúde na vida do louco por Jesus são os sonhos e desejos íntimos, aquelas coisas com as quais ele sonha acordado, mas não conta pra ninguém. Esses sonhos do louco por Jesus, mesmo sendo segredos, não são pecaminosos. Não se trata de um romance proibido, de um vício, de uma fantasia pecaminosa — sexual ou não —, de criação de mentiras, da maquinação de vinganças...
>
> O louco por Jesus não fala por aí de seus sonhos íntimos porque são questões pessoais, mas ele deixa tudo aberto diante de Deus. E se fosse possível projetar seus sonhos num telão diante da torcida do Flamengo, ele não se envergonharia de nada, porque até seus pensamentos secretos são examinados e aprovados pelo próprio Deus.

Prescrição:

Quais têm sido os pensamentos em cartaz no telão da sua mente? No que você tem pensado quando não está fazendo nada, sonhando acordado?
Escreva ou desenhe nos balõezinhos.

Se forem examinados pelo Senhor, eles seriam aprovados? Existe algum pensamento que deva ir embora?

Dr. DANIEL BELTESSAZAR

Data: _____
Horário: _____

SESSÃO
25

> Loucos por Jesus deixam algumas coisas para depois.
>
> Se a correria do dia a dia deixa o louco por Jesus sem tempo de orar, ele deixa a correria do dia a dia para depois da oração.
>
> Se as atividades da igreja estão tomando todo o tempo do louco de ler a Bíblia, ele deixa a igreja para mais tarde.
>
> Trabalho, igreja, família, WhatsApp — o louco por Jesus deixa tudo isso para depois quando o assunto é caminhar com Jesus.
>
> As pessoas querem que você seja abençoado e resolva muitas coisas, interprete sonhos, gerencie um império, mas não lhe darão tempo para se alimentar de Deus. Então, o que fazer? Deixe as pessoas para depois. Se você não conseguir buscar a Deus, o que dará às pessoas?

Prescrição:

Você sabe quanto tempo gasta fazendo as coisas que você faz? Leve este livro para passar um dia com você e anote todas as atividades que você fizer, até as mais bobas como "Jogar paciência no celular" e quanto tempo gastou fazendo isso.

Depois, avalie e responda: onde é que está o tempo que era de Jesus? Você gastou com qual atividade?

Rua Nazaré, 33
Jardim Alto da Babilônia

ÍNDICE **LPJ**

Dra. MARIA DE BETÂNIA

Data: _____

Horário: _____

SESSÃO
26

Ao mesmo tempo em que deixa algumas coisas pra depois, o louco não adia assuntos importantes.

"Depois" é a pior palavra do mundo quando se trata de decisões importantes. A gente resolve as coisas mais absurdas do mundo agora — "Vou comprar um iPhone HOJE!", "Vou pintar esse cabelo HOJE!" —, mas as coisas importantes a gente deixa pra... quando?

( ) Depois

( ) Depois

Muita gente espera grandes bênçãos de Deus. Mas Deus está esperando VOCÊ tomar as grandes decisões para que ele aja. Neste pingue-pongue, a bolinha está do seu lado. É sua hora de jogar.

Pare de adiar decisões importantes. Tomar essas decisões custa caro. Não tomar essas decisões custa tudo.

Prescrição:

Vamos direto ao ponto: o que você precisa resolver hoje?

Rua Nazaré, 33
Jardim Alto da Babilônia

Dr. LUCAS DE ANTIOQUIA

Data: _____

Horário: _____

SESSÃO
27

Um louco por Jesus sabe escolher muito bem com quem anda.

Tenho o privilégio de ser amigo do Paulo de Tarso e acompanhá-lo pra cima e pra baixo. A gente viajou pra Macedônia, pra Jerusalém, pra Roma — nessa viagem nosso barco afundou e a gente foi boiando até Malta. Lá, uma cobra picou a mão dele e eu dei uma olhada, mas nem precisou, porque não inchou nem nada.

Estive com ele também na masmorra, quando ele foi preso, perto do fim da vida.

Jesus diz que ninguém tem maior amor que aquele que dá a vida pelos amigos **(João 15:13)**. Eu não morri por Paulo, mas dediquei minha vida a estar ao lado dele e registrar a sua história, bem como a de outras pessoas que conheci, outros loucos por Jesus.

Dar a vida pelos amigos foi o que Jesus fez e o que você deveria fazer se quer ser um louco.

Prescrição:

Hoje você vai se aproximar de um missionário, como eu me aproximei do Paulo. Procure por algum missionário com quem você ainda não tenha contato. Mande um e-mail, diga que você gostaria de saber mais sobre o trabalho dele, e diga que está orando por ele.

E ore mesmo!

Mande palavras animadoras e pergunte quais têm sido os desafios financeiros dele.

Depois, prepare-se para ajudá-lo financeiramente.

Use o espaço abaixo pra anotar contatos de missionários ou pra rascunhar o seu e-mail.

_____
_____
_____
_____
_____
_____
_____
_____
_____
_____
_____
_____
_____

Rua Nazaré, 33
Jardim Alto da Babilônia

Dr. JOÃO BATISTA

Data: _____

Horário: _____

SESSÃO **28**

A pior coisa que pode acontecer na sua vida é você achar que só tem você de louco neste mundo.

Muitas vezes, loucos por Jesus são solitários porque não gostam de confiar nem de depender das pessoas. Mas é aí que eles naufragam. Ninguém é autossuficiente, nem chega ao céu sozinho, sem ter precisado da ajuda de alguém.

Nem eu, que sou mais doido, vivia sozinho. Eu tinha discípulos, gente que vivia comigo e que queria aprender comigo.

O louco por Jesus tem de tomar cuidado porque ele ainda tem um coração pecaminoso. Alguns começam a trabalhar para Deus e são tomados de um sentimento de "Eu sou o último gafanhoto do deserto. Eu dou conta sozinho."

NÃO DÁ! Você precisa de pessoas para caminhar com você. VOCÊ FAZ PARTE DE UM MOVIMENTO que é maior que você.

No dia que você ressuscitar um morto, dependa da ajuda dos outros mais do que antes, pra que sua vida não gire em torno de você, mas de Jesus.

Prescrição:

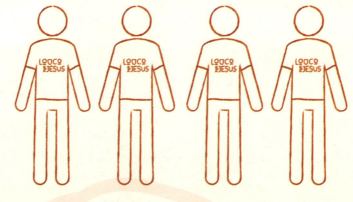

↑ ESCREVA OS NOMES, SE QUISER! ↑

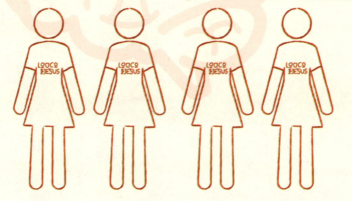

SE TÁ FALTANDO LOUCO POR JESUS NA SUA VIDA, ENTÃO CONSIDERE EXPANDIR SEU CÍRCULO DE AMIZADE. É DESSE TIPO DE PESSOA QUE VOCÊ PRECISA PRA NÃO DEIXAR A LOUCURA PASSAR!

QUEM É A SUA GALERA DE LOUCOS POR JESUS? NÃO PENSE SÓ EM GENTE DA IGREJA, MAS EM GENTE QUE É PIRADA POR JESUS DE VERDADE!

Rua Nazaré, 33
Jardim Alto da Babilônia

ÍNDICE LPJ

Dr. JOÃO BATISTA

Data: _____
Horário: _____

SESSÃO
29

Saiu uma pesquisa recente que diz que 100% das pessoas morrem. Isso inclui pais, avós, pastores, professores da igreja.

Se você depende dessas pessoas para ter um relacionamento com Jesus, então eu acho — SÓ ACHO — que você vai ter um problema quando elas morrerem. Quem vai orar por você? Quem vai ensinar você? Quem vai trazer as mensági de Deus pra sua vida, aleluia?

Um dos dias mais felizes da minha vida foi quando eu estava com dois discípulos meus ali pelo Jordão quando Jesus passou. Eu virei pros caras e disse: "Vejam! É o Cordeiro de Deus!". O que os dois fizeram? Largaram eu falando sozinho e foram atrás do Mestre **(João 1:35-37)**.

Que mais eu poderia desejar? Tinha pregado desde o começo que aquele homem era maior que eu! Eles tinham mais é que ir atrás dele mesmo. Precisavam ter a própria experiência deles com o Filho de Deus.

Você tem a sua própria experiência com Jesus ou compra experiência usada no MercadoLivre?

VOCÊ TEVE SUA EXPERIÊNCIA PESSOAL COM JESUS? SÓ VOCÊS DOIS ALI, AINDA QUE TIVESSE UMA PORÇÃO DE GENTE EM VOLTA DE VOCÊ, MAS VOCÊ E CRISTO UNIDOS, VOCÊ DESCOBRINDO O PESO DA GRAÇA DELE, DO AMOR DELE, A DESGRAÇA DO SEU PECADO, O TAMANHO DO PERDÃO QUE ELE OFERECE... JÁ? CONTA COMO FOI.

_____
_____
_____
_____
_____
_____
_____
_____
_____
_____
_____

SE VOCÊ NUNCA EXPERIMENTOU ISSO, VOCÊ AINDA NÃO PODE SER UM LOUCO POR JESUS. EXAMINE PRIMEIRO O SEU CORAÇÃO E VEJA SE VOCÊ REALMENTE ENTREGOU SUA VIDA A CRISTO. CONVERSE COM OUTROS LOUCOS, ELES PODEM AJUDAR.

AGORA, VOCÊ QUE JÁ VIVEU ESSA EXPERIÊNCIA, FAZ QUANTO TEMPO QUE VOCÊ NÃO PASSA POR ISSO DE NOVO? NÃO SERIA HORA DE PROCURAR ESTAR A SÓS COM JESUS OUTRA VEZ?

Dr. JOÃO BATISTA

Data: _____

Horário: _____

SESSÃO
30

Você tem uma paixão que sobrevive ao que está na moda no Instagram? Ou seus gostos pessoais são moldados pela opinião dos ilustres desconhecidos que você segue nas redes sociais?

O louco pelo nada passa a vida inteira só existindo, e quando chega o velório, ninguém sabe o que dizer. Ele fez de tudo e nada ao mesmo tempo. Não era louco por Jesus, mas não saía da igreja; tinha mil amigos no Face, mas não fazia questão de estar com nenhum. Foi um nada existencial.

Deus não curte gente indefinida. O Tiago, brother de Jesus, diz que esse tipo de gente não deve achar que "receberá alguma coisa do Senhor, pois tem mente dividida e é instável em tudo o que faz" (1:7-8).

O louco por Jesus tem paixão pela vida! Ele se dedica a mais do que simplesmente existir e ir na cola dos outros. Ele tem interesse genuíno pela vida.

Prescrição:

PENSE EM 5 PESSOAS QUE VOCÊ SEGUE NAS REDES SOCIAIS, MAS COM QUEM VOCÊ NUNCA CONVERSOU.

1. _____
2. _____
3. _____
4. _____
5. _____

HOJE VOCÊ VAI MANDAR UMA MENSAGEM PRA ELAS, SEM SER PRA ELOGIAR A FOTO, O CABELO, A ROUPA, WHATEVER. MAS PRA DIZER QUE VOCÊ CURTE ELA MAS TÁ SEGUINDO UM CARA MUITO MAIS TOP CHAMADO JESUS. SERÁ QUE ELA CONHECE ELE?

Rua Nazaré, 33
Jardim Alto da Babilônia

Dra. MARIA DE BETÂNIA

Data: _____
Horário: _____

SESSÃO
31

Não confunda loucura por Jesus com a loucura pelo movimento de loucura por Jesus.

É o que acontece quando um torcedor valoriza mais a torcida organizada do que o time. Ou quando o culto é um evento mais importante que a adoração a Deus.

O louco pela loucura não sabe o porquê de falar o que fala, de vestir o que veste, de ir aonde vai. Ele está na onda, quer ser reconhecido pelo movimento do qual faz parte, mas NUNCA entendeu a razão de tudo aquilo. "Se as pessoas estão fazendo, por que não fazer também?", é o que ele pensa.

Tudo passa. A única coisa que realmente permanece é o seu relacionamento com Cristo. Se isso não existe, no dia em que a casa cair, movimento nenhum poderá sustentar você.

Prescrição:

Por que você quer ser louco por Jesus mesmo?
___
___
___

Quero que você escolha quatro coisas que costuma fazer quando tá com o grupo de loucos por Jesus (coisas tipo cantar no culto, fazer visita, usar camiseta com frases sobre Jesus etc.):

1. ___
2. ___
3. ___
4. ___

Você vai fazer cada uma dessas coisas *sozinho*, uma por dia. Faça um culto sozinho, cante sozinho, ore sozinho etc. — cada uma num dia, a começar por hoje. Você estará se preparando assim pra próxima fase do seu Tratamento.

Rua Nazaré, 33
Jardim Alto da Babilônia

Dr. DANIEL BELTESSAZAR

Data: _____
Horário: _____

SESSÃO
32

Louco por Jesus é gente simples.

Pode ser governador da Pérsia, mas anda de Havaiana azul e branca, cumprimenta varredor de rua e é educado com garçom. Pode ter um monte de letrinha antes do nome — prof., dr., exmo. — mas gira a camisa na arquibancada do estádio e dá gargalhada quando tá no cinema como qualquer mortal.

Louco por Jesus é simples porque o Senhor dele é simples. É humilde. Ele se pergunta diante do espelho: "O que você tem que não foi lhe dado?" **(João 3:37)**.

Não tenha de sofrer como meu antigo soberano, o rei Nabucodonosor, que pastou literalmente durante sete luas pra entender que ele não era nada.

"Seje simpris."

Prescrição:

1. Arranje um espelho.
2. Posicione-se de frente a ele.
3. Olhe nos olhos da pessoa do espelho (no caso, você).

4. Pergunte: O que você tem que não foi lhe dado?
5. Anote a resposta aqui.

Rua Nazaré, 33
Jardim Alto da Babilônia

Dra. MARIA DE BETÂNIA

Data: _____

Horário: _____

SESSÃO
33

Você já acordou de madrugada pra ficar com Jesus?

No nosso livro de música tem um verso que diz assim: "Fico acordado nas vigílias da noite, para meditar nas suas promessas" **(Salmos 119:148)**.

A gente fica cercado de barulho e zunzum o dia inteiro. Tem sempre algum som saindo do seu fone de ouvido. E quando não é isso, você está falando, falando, falando...

Shhh. Silêncio faz bem para a alma. Acorde de noite, fique de pijama mesmo, sentado na cama ou no sofá, e pense em Deus. Não é para orar. É só para estar com ele, pensar nele. Pense que nunca chegou aí na sua casa uma conta do ar que você respira. Um boleto para pagar a chuva que caiu e fez crescer a alface que você comeu.

Pense em Deus, em quem ele é, no que ele já lhe fez. Não peça nada. Só agradeça o que você tem, o que recebeu de graça dele.

Prescrição:

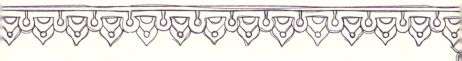

O tratamento de hoje não é pra fazer agora não. É de madrugada.

Acorde de madrugada e anote aqui os seus pensamentos em relação a Deus. Desenhe para ele. Componha uma música, uma poesia. Se você não conseguir fazer esta noite, programe-se para se levantar na próxima. A única advertência é que você *não deve* passar para a próxima sessão sem ter completado esta antes.

Rua Nazaré, 33
Jardim Alto da Babilônia

Dra. MARIA DE BETÂNIA

Data: _____

Horário: _____

SESSÃO
34

Marta ficava doida comigo rsrsrs. Um dia, Jesus foi lá em casa e ela quis fazer um banquete. Ela só não imaginou que teria de fazer tudo sozinha.

Você acha que eu ia ficar na cozinha picando batata enquanto Jesus estava ali, no meu sofá, falando dos mistérios de Deus? Eu não! Depois a gente pedia o jantar pelo iFood, eu sei que ele não iria se importar. Preferia isso a ter de ouvir a pregação pelo podcast no dia seguinte, enquanto comia o que restou do banquete.

Então resolvi ficar que nem um pastel ali no chão, ouvindo...

Aprendi que Deus não tem filhos preferidos. Mas existem os filhos que preferem mais a Deus. Esses são os verdadeiros loucos, que encontram tempo só para curtir o Criador, sem pedir e sem esperar nada.

Prescrição:

Que hora do dia você geralmente costuma encontrar Jesus? Não estou falando de orar, mas de ficar junto. Ficar ali, de boa, sem hora para ir embora, sem nada grandioso pra falar...

Sobre o que você geralmente conversa com ele?

_____

_____

_____

_____

Como você gostaria que fossem seus momentos com Jesus?

_____

_____

_____

_____

_____

_____

Rua Nazaré, 33
Jardim Alto da Babilônia

ÍNDICE **LPJ**

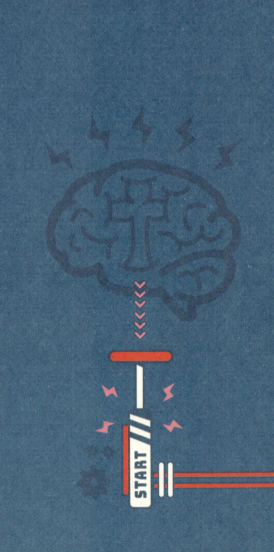

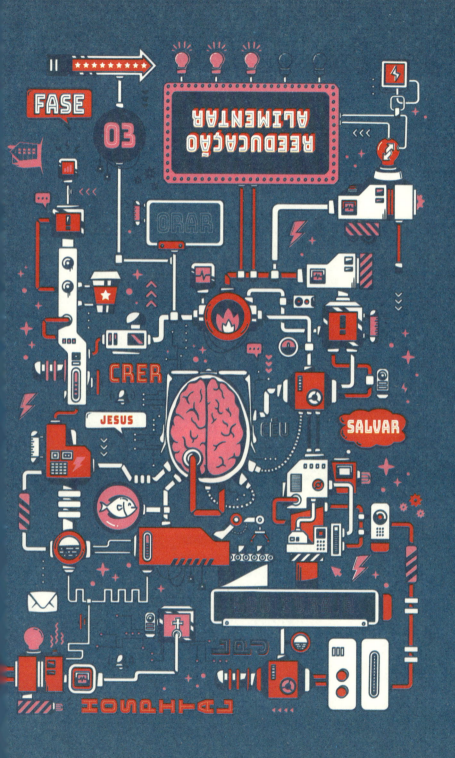

Dr. DANIEL BELTESSAZAR

Data: _____

Horário: _____

SESSÃO 35

A dieta de um louco por Jesus consiste de três grupos alimentares:

Para ser louco, é preciso consumir esses três grupos alimentares. Com o primeiro grupo (Bíblia), o louco desenvolve a habilidade de ouvir Deus falar com ele. Com o segundo (oração), ele aprende a falar com Deus. E com o terceiro (jejum), ele combate as tendências ruins que possui.

Não tem segredo. Mas não tem outro caminho. Milagres, manifestações e coisas do tipo não fazem parte da colmeia alimentar do louco por Jesus. São guloseimas que o Senhor dá para quem tem estômago bom o bastante para digerir — um estômago treinado e educado com oração, Bíblia e jejum.

Nesses próximos dias de Tratamento, você será conduzido pela nossa equipe para tratar de sua dieta espiritual. Por isso, hoje vamos fazer uns exames de diagnóstico para seguir com o Tratamento.

Prescrição:

1. Qual é seu consumo semanal de Bíblia?
2. Pra você, qual é a importância de ler a Bíblia?
3. Qual é seu consumo diário de oração?
4. Qual a importância de orar?

6. Você costuma fazer jejum?
( ) Sim ( ) Não
7. Por que você jejua ou não jejua?

(Escreva suas respostas em outra página. Esta já está bem cheia, ok?)

Rua Nazaré, 33
Jardim Alto da Babilônia

Dr. LUCAS DE ANTIOQUIA

Data: _____

Horário: _____

SESSÃO **36**

Você é louco pela Bíblia?

A Bíblia não é um livro de encantos, com frases mágicas que abrem portas e resolvem problemas. Ela não é isso. É muito mais: a Bíblia é Deus falando. Jesus se apresenta como a Palavra de Deus. Pelo poder dele, a Bíblia é transformadora.

Por isso, a autoridade da Bíblia é última. O Paulo dizia que se um anjo descesse do céu com trombetas, raios e serpentinas, dizendo: "A partir de hoje, a humanidade entrará no Reino dos céus bebendo este copo de água", a igreja deveria considerar esse anjo um ser maldito **(Gálatas 1:8)**! Nenhum ser no céu ou na terra tem poder maior que o das Escrituras para mudar a vida de um ser humano e lhe apresentar o verdadeiro Deus.

É todo esse poder que está "aprisionado" dentro da sua gaveta, nas páginas da Bíblia. O que você acha de liberar um pouco desse poder na sua vida hoje e ser transformado?

Prescrição:

O tratamento de hoje é simples e indolor. É só você pegar a sua Bíblia de PAPEL e carregar ela com você o dia inteiro FORA da bolsa, mala, mochila, pochete, sei lá o que você usa pra carregar as coisas. 24 horas com o desodorante de crente embaixo do braço. Só isso. Não é pra pregar, não precisa ler em público. Você faz isso com seu celular novo, não faz? Com seu tênis novo? Então já sabe como é. Depois, volte aqui e relate a sua experiência.

_____
_____
_____
_____
_____
_____
_____
_____
_____
_____
_____

Rua Nazaré, 33
Jardim Alto da Babilônia

ÍNDICE **LPJ**

Dr. JOÃO BATISTA

Data: _____

Horário: _____

SESSÃO
37

Faz um favor pra mim?

Quando for ler a Bíblia, não se coloque na cadeira da vítima. Você é tudo menos vítima.

Leia a Bíblia CONTRA você, nunca a seu favor. Por exemplo, quando ler Davi e Golias, seja Golias, e não Davi. Quando ler Jesus e Judas, seja Judas. Não sei se chegou essa informação até você: a gente não é santo, não. Nós temos cara de gente boa. Somos tão bonzinhos, tão amigáveis. Mas não é assim.

Pare de se ver como a vítima desse mundo tão cruel. Não grife na sua Bíblia só os versículos que falam de vitória, ô aleluia! Tome posse também das palavras de condenação que pisam no seu calo e expõem quem você é de verdade.

Tem como fazer isso pra mim?

Obrigado.

Prescrição:

PEGA LÁ A HISTÓRIA DE DAVI E GOLIAS, FAZENDO FAVOR. (1 SAMUEL 17) LÊ LÁ NA SUA BÍBLIA. AGORA, RECONTE ESSA HISTÓRIA AQUI COM VOCÊ NO PAPEL DE GOLIAS. VOCÊ PODE ESCREVER OU DESENHAR, SE QUISER. QUEM SERIA O DAVI? O QUE SIGNIFICA SUA DERROTA ENQUANTO GIGANTE?

Rua Nazaré, 33
Jardim Alto da Babilônia

ÍNDICE **LPJ**

Dr. LUCAS DE ANTIOQUIA

Data: _____

Horário: _____

SESSÃO
38

O sentimento do seu coração não está acima da Palavra de Deus. Você não tem autoridade para fazer ou deixar de fazer nada porque sentiu ou perdeu a paz em relação a isso.

Em outras palavras: a Bíblia tem mais poder e autoridade do que o nosso achismo. Muita gente não submete sua vida às verdades da Bíblia porque a lê com os olhos das suas experiências, sendo que o que temos de fazer é o contrário: devemos ler e analisar as nossas experiências por meio da Bíblia. Não é sua vida que interpreta o que está escrito: é a Palavra que interpreta a sua vida.

Seu objetivo deveria ser estudar a Palavra de Deus. Você deveria querer, mais do que qualquer outra coisa nesse mundo, conhecer o que ela diz a respeito de você e das coisas que você está vivendo. Não existe outra forma de conhecer a vontade do Senhor e ser um verdadeiro louco por Jesus sem deitar a vida no divã da Palavra de Deus e se deixar ser analisado por ela.

Prescrição:

O que você está vivendo hoje que, na sua opinião, precisaria ser reavaliado pela Bíblia?

_____

_____

Usando o seu app da Bíblia, ou um site bíblico online, pesquise quais textos falam sobre esse assunto. Há muitas listas de textos bíblicos na internet. Talvez você não encontre versos que falem especificamente sobre a situação, tipo: "Faço tatuagem ou não?" porque essa palavra nem aparece na Bíblia. Mas existem os princípios, que se aplicam a todos os tempos. Faça sua busca e anote as passagens relevantes aqui:

_____
_____
_____
_____
_____
_____
_____
_____

Durante os próximos dias, medite em uma dessas passagens por dia. Vá anotando aqui (onde couber) o que o Senhor lhe falar a respeito da situação que você estiver vivendo.

Faça dessa prática uma rotina, principalmente quando estiver passando por algum dilema.

Rua Nazaré, 33
Jardim Alto da Babilônia

Dr. JOÃO BATISTA

Data: _____

Horário: _____

SESSÃO
39

Qualquer coisa, qualquer bênça que impedir você de ler a Palavra de Deus vem diretamente do Hades.

Seu casamento. Seu trabalho. SUA IGREJA!

Você dá conta sim de cuidar da família, trampar, trabalhar na obra e ler a Bíblia.

Seus antepassados cristãos davam conta, e eles nem tinham máquina de lavar roupa, secar roupa, dobrar roupa, guardar roupa! Por que VOCÊ não consegue?!

Segundo a Sociedade Bíblica do Brasil, 86% dos crentes brasileiros NUNCA leram a Bíblia. Estão esperando sair em filme.

Quantas Bíblias você tem na sua casa? Quantos apps da Bíblia tem no seu celular, no seu tablet etc.?

Como você quer ser um louco por Jesus se tem PREGUIÇA de ler a Bíblia, mas fica de boa rolando a tela do celular por horas pra ver os últimos posts do Instagram?

O problema não é o celular, a família, o trampo. O problema é que a gente, muitas vezes, coloca essas coisas acima da vida com Jesus. São bênçãos que se tornam uma pedra enorme na nossa caminhada.

Você vai ser um dos 86% ou vai ler o livro antes de ele sair no cinema?

Prescrição:

VOCÊ QUER SER UM LOUCO PELA BÍBLIA?

O QUE VOCÊ VAI FAZER PARA QUE ISSO SE TORNE VERDADE NA SUA VIDA HOJE?

BUSQUE NA INTERNET PLANOS DE LEITURA BÍBLICA PARA VOCÊ LER A BÍBLIA TODA. ANOTE AQUI OS QUE VOCÊ ACHOU MAIS INTERESSANTES E OS AJUSTES QUE VOCÊ TERÁ DE FAZER NA SUA ROTINA PRA QUE A LEITURA DA BÍBLIA SE TORNE UMA PRÁTICA DIÁRIA, E NÃO SÓ UM SONHO DISTANTE.

Rua Nazaré, 33
Jardim Alto da Babilônia

ÍNDICE **LPJ**

Dr. JOÃO BATISTA

Data: _____
Horário: _____

SESSÃO
40

O ser humano tem uma preguiça cósmica de estudar o que Deus falou. Desde Eva, acontecimentos mirabolantes — coisas doidas como uma cobra falante! — têm mais autoridade do que a palavra que foi proferida por Deus.

Os "ungido do manto", "irmão de fogo" e "edredom de Jeová" chegam com fogos de artifícios e palavras estrambólicas, e as Evas vão correndo atrás pra saber da última revelação.

O que tá na Bíblia é a Palavra de Deus. Não tem NADA a ser acrescentado, nada extra que você precise saber para dirigir a sua vida.

Vai estudar sua Bíblia! Vai ser o louco da Bíblia!

O quanto você sabe sobre as verdades da Bíblia? Quantos versículos você sabe de cor? Quanto tempo do Facebook e do WhatsApp você CORTA para se dedicar à leitura e ao estudo da Palavra de Deus?

Como se seus amigos do Face tivessem muito mais a acrescentar em sua vida do que a revelação do Deus vivo... **#sqn**

Prescrição:

___

ABRA SEU APP OU A SUA RELÍQUIA DE PAPEL NO (SALMO 119). ESSE É O MAIOR CAPÍTULO DA BÍBLIA E ELE FALA TODINHO SOBRE UMA COISA SÓ: A PRÓPRIA BÍBLIA. O SALMISTA DESCREVE 176 MANEIRAS DIFERENTES DE COMO ELE AMA A ESCRITURA. HOJE VOCÊ VAI COPIAR À MÃO APENAS OS (VERSÍCULOS 9-16) AQUI, NESTA FOLHA. MAS MEU DESAFIO É QUE VOCÊ ARRANJE DEPOIS UM CADERNO E COPIE O CAPÍTULO INTEIRO.

Rua Nazaré, 33
Jardim Alto da Babilônia

ÍNDICE **LPJ**

Dr. DANIEL BELTESSAZAR

Data: _____
Horário: _____

SESSÃO
41

Assim como preferimos revelações espetaculares à leitura da Palavra de Deus, também preferimos gente que fala bem em público a gente que fala bem com Deus em secreto.

Orar não é importante, é essencial. De todas as atividades que fazemos na terra, nada é mais importante que orar. Ir à igreja não é mais importante que orar. Evangelizar não é mais importante que orar. Quando você ora, você está cumprindo o propósito para o qual você nasceu. Você está voltando ao Criador.

Qual foi a primeira coisa que se quebrou quando o pecado entrou no mundo? Deus parava do lado de Adão e dizia: "Vamos dar um rolê pelo jardim". A primeira coisa que acabou com a chegada do pecado foram os passeios. Os diálogos.

Quando Jesus entra na sua vida, a primeira coisa que ele ressuscita são os diálogos com Deus. Orar é voltar ao jardim.

Que lindo! Mas se não virar realidade na sua vida, isso tudo vai ser de uma beleza inútil.

Prescrição:

Qual é o segredo para se tornar uma pessoa de oração? Ore com disciplina até que isso se torne um prazer. Ore por obrigação até que vire necessidade. Oração não é algo que você pode escolher não fazer. Ore agora por qualquer coisa que não seja você.

— Deixo aqui   alguns assuntos, e
você pode   escrever uma
frase   de oração
em   cada um
de—   les.

→ Sua cidade, sua família,   seus amigos,
o prefeito, seus avós e parentes, seu chefe/professor,
seus vizinhos...
(preencha em outra página, por favor? Aqui não
há espaço suficiente!)

Rua Nazaré, 33
Jardim Alto da Babilônia

ÍNDICE **LPJ**

Dra. MARIA DE BETÂNIA

Data: _____
Horário: _____

SESSÃO 42

Tem gente que faz do momento de oração uma Santa Inquisição com Deus. "Senta aquiii, Senhor, e me explica umas coisas! Me explica o divórcio dos meus pais! Me explica aquela falência financeira minha. Me explica aquele carinha que falou que iria casar comigo..."

É uma besteira sem tamanho. Em primeiro lugar, você não é Deus, e ainda que ele explicasse o que você está perguntando, você nunca iria entender. Eu já o ouvi dizendo aos doze: "Tenho ainda muito que lhes dizer, mas vocês não o podem suportar agora" (**João 16:12**). Talvez seja o seu caso.

E em segundo lugar, porque não tem nada melhor para você fazer do que curtir Jesus.

Pare de gastar seu precioso tempo de oração querendo saber o porquê das coisas. O que eu mais gostava de fazer era ficar sentada aos pés de Jesus, curtindo ele.

— Jesus, o que o Senhor quer fazer hoje?

— Nada.

— Então é dois. Vamos ficar igual peixe aqui, fazendo nada.

Prescrição:

CHAME JESUS
para dar uma volta com você hoje

Pode ser a pé, de carro, de bike, skate etc. *Leve este livro com você.*

Conte para ele as últimas novidades da sua vida, o que aconteceu no seu dia, o que você está planejando para o fim de semana. Depois, fique uns instantes em silêncio. *O que Jesus está lhe falando? Anote aqui.*

_____
_____
_____
_____
_____
_____
_____
_____
_____
_____
_____
_____
_____

Rua Nazaré, 33
Jardim Alto da Babilônia

Dr. DANIEL BELTESSAZAR

Data: _____
Horário: _____

SESSÃO
43

No Reino de Deus, nada acontece sem oração.

Não falo de orar antes de dormir, antes das refeições, antes de fazer uma prova. Estou falando de vida de oração. Quando você ora, fica cansado dessa vida normal, comum e quer mais. Quer o sobrenatural.

Orar é ter a chance de ver Deus mudando o nosso dia, reescrevendo a nossa história. É pegar o elevador da oração, apertar o botão e dizer: "Pai nosso que estás no céu, CHEGUEI!".

Não sei o que uma pessoa que não ora vai fazer no céu. O céu não é um parque de diversão gospel, uma praia de profetas, a pista de skate dos apóstolos. O céu é estar com Deus.

Se você não tem assunto com Deus aqui, vai passar a eternidade no céu fazendo o quê?

Uma alma que não ora é uma alma sem Cristo. Talvez esse seja o problema da sua vida de oração. Você entregou de verdade sua vida ao Filho de Deus?

Prescrição:

Não precisa orar bonito. Só precisa orar. Escreva aqui sua oração a respeito do que você precisa fazer agora sobre sua vida de oração. O que você gostaria que mudasse, como você gostaria que ela fosse. Quais são as dificuldades. Seja específico e sincero.

Rua Nazaré, 33
Jardim Alto da Babilônia

Dr. DANIEL BELTESSAZAR

Data: _____

Horário: _____

SESSÃO 44

Como a gente não tem uma vida de oração, a gente quer orar na hora em que os problemas veem. Quando você está passando por uma dificuldade, não é ora de horar. Opa, hora de orar. É o momento de adorar.

É no quarto de oração que você se prepara para a luta. Não adianta querer orar sete dias o que não orou em sete meses. E nem ficar pedindo no WhatsApp:

— Gente, orem por mim!

— 🙏

— 🙏

— 🙏🙏🙏🙏🙏!!!!

Fala sério! Se eu precisasse da oração dos outros pelo WhatsApp quando estive na cova dos leões, minha mensagem seria algo do tipo:

—

Acontece que os leões fecharam a boca na cova porque eu abri a boca no quarto.

Anote e reflita sobre o seguinte: você faz parte de uma geração treinada para pedir oração, mas não para orar. Isso precisa mudar.

Prescrição:

Planeje sua vida de oração com pelo menos 24h de antecedência. Pense no que você tem de fazer amanhã e já planeje hoje em qual momento do dia você vai orar.

Dia _____

6h _____

8h _____

10h _____

12h _____

14h _____

16h _____

18h _____

← *Faça outro deste numa folha maior*

Se você deixar para decidir depois, com certeza não vai achar tempo.

Rua Nazaré, 33
Jardim Alto da Babilônia

ÍNDICE **LPJ**

Dr. DANIEL BELTESSAZAR

Data: _____

Horário: _____

SESSÃO
45

Oração tem de virar parte da sua vida, como seu braço, seu cabelo, sua sobrancelha. Tem de ser algo tão comum e tão real a ponto de você não viver sem orar, assim como não vive sem comer e sem mexer no celular.

Oração é o maior presente que você pode oferecer a alguém. Seus pais estão precisando de mais um filho que não ora pelas dificuldades da família? Seus amigos precisam de mais um amigo que não intercede pela vida deles? Será que a sua cidade precisa de mais um crente que vive só pela meia dúzia de versículos que decorou e não está disposto a gastar o joelho em oração e clamor pela liderança e pelos conterrâneos?

Eu acho que não.

Qual foi a última vez em que alguém pediu para você orar (pediu sério e pessoalmente, e não por uma mensagem no WhatsApp)?

Se as pessoas não nos pedem pra orar é porque podem achar que a gente não tem a menor ideia de como fazer isso. E o pior de tudo é que pode ser que elas estejam certas.

Prescrição:

Para praticar a oração pelos outros, hoje você vai orar com alguém da sua família. Vá além da oração "Pai, obrigado por este alimento, em nome de Jesus, amém". Ore *pela* pessoa que está com você.

E se ninguém quiser orar? Você para no meio da sala da sua casa e faz uma oração abençoando todo mundo.

Mais tarde, volte aqui e conte como foi!

Rua Nazaré, 33
Jardim Alto da Babilônia

Dr. HABACUQUE PROFETTI

Data: _____

Horário: _____

SESSÃO
46

Chatice está totalmente ligada à falta de oração. Quanto mais chata a pessoa está (ou é), menos ela buscou a Deus. Quanto mais de boa ela está, mais tempo ela passou na presença do Senhor. Quem não ora pra desovar seu lixo na presença de Deus, acaba desovando na cara das pessoas.

Oração é o lugar pra ser chato. Veja os salmos! Talvez o que os poetas tinham coragem pra dizer diante de Deus em oração, jamais falariam na cara dos outros. Ou você acha que frases como "Que fiquem órfãos seus filhos e a sua esposa, viúva. Que vivam os seus filhos vagando como mendigos, e saiam rebuscando o pão" **(Salmos 109:9-10)** fazem parte de um diálogo civilizado? Era depois de lançar tudo diante de Deus que os salmistas saíam do quarto de boa na lagoa.

Quando você não ora, você faz um desfavor pra sociedade. Você é só mais um ocupando espaço, enchendo a paciência dos outros, não trazendo o céu pra terra e transformando a vida de alguns num inferno.

Quer ser útil, transformar o mundo, viver grande coisas de Deus? Entra no seu quarto, fecha a porta e vai orar.

Prescrição:

==Tenha um lugar de oração. Você tem lugar na sua casa pra tomar banho, pra guardar o carro, tem lugar pro cachorro...== Mas não temos lugar pra orar. Escolha um lugar para você chamar de "quarto de oração":

O que você irá levar para este quarto?
_____
_____
_____
_____
_____

O que vai ficar de fora?
_____
_____
_____
_____
_____

MOMENTO MUSICAL

Poucas coisas amolecem o coração do Senhor tanto quanto a oração. E, porque orar é tão importante na vida do cristão, até me lembrei de uma música: ==Poder da oração== da Alda Célia. Eu também creio no poder dos joelhos que se dobram!

Rua Nazaré, 33
Jardim Alto da Babilônia

ÍNDICE **LPJ**

Dr. JOÃO BATISTA

Data: _____

Horário: _____

SESSÃO
47

Satanás não tem medo de apóstolo, vice-Deus, filho de pastor, pregador que grita, estudante de seminário teológico. O único título que faz o demônio tremer na base é "Lá vai o Zé da Couve, homem de oração".

O capeta não se incomoda com quem não ora. É por isso que toda vez que você se propõe a orar, seu celular toca como se estivesse tendo um ataque, e seus amigos precisam falar com você, seu chefe precisa falar com você, o PAPA precisa falar com você em 5... 4... 3... 2...

Você acredita MESMO que você é tão procurado assim? Não desconfia nem um tiquinho de que se você estivesse tomando banho ou fazendo a unha, ninguém no mundo inteiro iria procurar pela vossa senhoria?

Não é dando carteirada que você vai ser um gigante espiritual. É dobrando o joelho e se rendendo aos pés do Senhor.

Prescrição:

VOCÊ NÃO SABE ORAR. NEM EU. POR ISSO O ESPÍRITO É NOSSO INTÉRPRETE.

PEÇA A AJUDA DO ESPÍRITO SANTO QUANDO FOR ORAR. VOCÊ PODE DIZER A SEGUINTE FRASE NO COMEÇO DE SUA ORAÇÃO: "ESPÍRITO SANTO, EU NÃO SEI ORAR COMO CONVÉM, MAS EU SEI QUE ME CONVÉM ORAR".

ESTABELEÇA UM TEMPO MÍNIMO PRA SUA ORAÇÃO. DEPOIS, AUMENTE DE 5 EM 5 MINUTOS A CADA 120 DIAS.

Rua Nazaré, 33
Jardim Alto da Babilônia

Dr. HABACUQUE PROFETTI

Data: _____

Horário: _____

SESSÃO 48

Oração é o trabalho mais "low" do Reino de Deus. É por isso que tem tão pouca gente nesse ramo. O povo gosta de pregar, de tocar, de cantar...

Sabe por que oração é tão punk? Porque não dá like nas mídias. Não faz sentido um post desses:

As maiores loucuras que podemos fazer por Jesus não é pros outros verem. É pro Pai celeste ver, e é ele quem vai recompensar. É trabalho de peão, brother. Mas isso faz todo sentido no Reino em que os últimos serão os primeiros.

Quem não se desespera em oração diante de Deus, irá se desesperar diante dos homens.

Prescrição:

==Hoje você vai se oferecer para orar por alguém — qualquer pessoa, de preferência ao vivo — e fazer a oração no mesmo instante.==
==Depois me conte como você se sentiu.==

MOMENTO REFLEXÃO — FICOU MUSICAL?

O barato de ser compositor cristão é que a gente pode até fazer oração por meio da música. Então, por que você não aprende a tocar um instrumento? Vai ser uma curtição e você ainda louva a Deus com arte!

Rua Nazaré, 33
Jardim Alto da Babilônia

ÍNDICE LPJ

Dr. DANIEL BELTESSAZAR

Data: _____

Horário: _____

SESSÃO
49

Hoje, vamos começar a tratar do 3º item dessa louca dieta: jejum.

Jejuar é abrir mão de algo bom para receber de Deus algo melhor. Jejuamos para dizer ao nosso estômago (e à nossa carne) que ele não é o nosso Deus, e impedimos que pequenos luxos se tornem necessidades.

Se não tomarmos cuidado, acabamos virando deuses. Criamos milhares de condições e não podemos ser contrariados. Acabamos deixando de abençoar pessoas em outros lugares do mundo porque não estamos a fim de ficar sem o leite morno antes de dormir.

Quando você começa a jejuar, descobre que tudo de que precisa na vida é ser contrariado, porque esse nosso coração não tem solução, precisa mesmo ser triturado pra ficar bom. Você também lembra que quem fez seu estômago é o Criador dos céus e da terra, e descobre que consegue sobreviver um dia sem o lanchinho da tarde.

Prescrição:

Quero desafiar você a abrir mão de uma (ou mais de uma) das quatro coisas abaixo durante hoje e os próximos dois dias em que falaremos sobre jejum:

– jogos, músicas, internet, séries...

No horário que você costuma usar essas coisas, você vai voltar sua atenção para Deus, pedindo que ele abra seus olhos para co- nhecer mais a respeito dele ou de você mesmo.

Anote aqui os pensamentos durante o jejum de hoje:

Rua Nazaré, 33
Jardim Alto da Babilônia

Dr. DANIEL BELTESSAZAR

Data: _____

Horário: _____

SESSÃO
50

O jejum pode ser de três formas:

1) **Parcial:** com água e sem comida;

2) **Total:** sem água e sem comida;

3) **De delícias:** abrir mão de alguma coisa de que você gosta muito.

Eu fiz esse último tipo de jejum quando fui levado para o palácio do Nabucodonosor. Abri mão das iguarias do rei, mas comi cenoura, tomate, abobrinha etc., e bebi água.

Talvez você diga: "Ah, mas tem a minha glicose, os remédios que eu tomo... Que pena... Não vou poder jejuar".

Se esse é o seu caso, seus problemas acabaram. Você também pode "jejuar" de certas atividades: pode abrir mão de dormir algumas horas (ou a noite toda); de passar maquiagem; de diversão etc.

Parece radical? Ué, mas quem disse que ser louco por Jesus seria fácil? Se você tivesse de fazer jejum para um exame médico, ou tivesse de abrir mão de jogar futebol para evitar uma cirurgia na coluna, você não faria?

E por que não fazer nada para demonstrar seu amor a Jesus e ficar mais perto dele?

Prescrição:

Continuamos no jejum! Como tem sido? Difícil?

Anote aqui os pensamentos durante o jejum de hoje:

Rua Nazaré, 33
Jardim Alto da Babilônia

Dr. LUCAS DE ANTIOQUIA

Data: _____
Horário: _____

SESSÃO 51

O jejum muitas vezes tem a ver com uma área da vida em que a gente tem mais fraqueza. Pode ser que pra você ficar sem comer, sem beber café, sem ver TV não faça diferença nenhuma. É moleza.

Diante disso, eu lhe pergunto: jejuar nessa área é válido?

O grande Davi, numa situação particular da vida dele, falou: "Não oferecerei ao SENHOR sacrifícios que não me custem nada" **(2Samuel 24:24).**

Seu jejum tem de ser realmente um "jejum", um sacrifício. Tem de lhe custar alguma coisa. Tem de doer um pouco.

Não é pecado sentir fome enquanto se está jejuando; é o que se espera. É aí que está a loucura do jejum: parar numa área da vida e dizer "Deus, _____ (a coisa em que você jejuará) tem uma importância enorme na minha vida, mas eu abro mão disso para declarar que o Senhor é o Rei soberano sobre mim, e não _____. Eu sirvo ao Senhor, e não a isso".

Não podemos servir a dois senhores. O jejum lhe mostra quem realmente é o Senhor da sua vida.

Prescrição:

Último dia no jejum!

O que você tem aprendido?

Rua Nazaré, 33
Jardim Alto da Babilônia

ÍNDICE **LPJ**

Dra. MARIA DE BETÂNIA

Data: _____

Horário: _____

SESSÃO
52

Nesta sessão, vamos falar do que você tem de tirar de vez da sua dieta para não matar a loucura por Jesus.

Imagine esta cena: você está na sua casa, fazendo uma refeição, e aí pousa um mosquito sobre a mesa e começa a reclamar, erguendo as patinhas e chamando você pra briga:

— Mimimi, mimimi, mimimi!

Piada, né?

Não é piada não. É um retrato de você murmurando diante de Deus, reclamando das coisas que ele lhe deu: do seu emprego ("Ai, meu chefe é um h-o-r-r-o-r!"), da sua igreja ("É tããão difícil achar vaga pra estacionar nessa igreja!"), da sua cidade ("Nossa, aqui faz um calor infernal!"), do seu país ("País de primeiro mundo é a Europa"). Europa nem é país, cabeção!

Murmuração é um barulho baixinho e incômodo, nada atraente a Deus. Os grandes murmuradores da história de Israel acabaram enterrados debaixo de sete palmos de areia, no deserto. É assim que você quer terminar sua história?

Prescrição:

Identifique os pontos-gatilho que ativam sua murmuração e transformam você, um louco por Jesus, num personagem dramático de novela mexicana:

- Cansaço
- Fome
- Calorifrio
- Arranhão no carro
- Oração não respondida
-
-
-
-
-

Rua Nazaré, 33
Jardim Alto da Babilônia

Dra. MARIA DE BETÂNIA

SESSÃO
53

Data: _____

Horário: _____

Quando você não está bem, a primeira coisa que vai sair dos seus lábios é a murmuração. A murmuração é um sinal espiritual de uma coisa que não tá legal no seu coração.

Tudo sobre o que você está murmurando vai piorar. Por quê? Porque murmuração não mexe com o coração de Deus. Ela irrita. Ela diz que Deus não é competente. Por isso, murmurar é letal.

Diante de algo que pode lhe dar a oportunidade de murmurar, mude de atitude. Você só está vendo o que Deus ainda não fez. Seja grato pelo que ele já fez. A gratidão vai mudando seu coração aos pouquinhos, e mandando a murmuração para o quinto dos infernos, que é mesmo o lugar de gente que murmura.

Loucos por Jesus mantêm sua insanidade indo contra a corrente e buscando motivos de adorar e agradecer em vez de murmurar.

Prescrição:

O remedinho de hoje é este texto:

Coloca, SENHOR, uma guarda à minha boca; vigia a porte de meus lábios.

Salmos 141:3

Decore e coloque num lugar bem visível. Repita-o toda vez que se sentir tentado a murmurar.

Rua Nazaré, 33
Jardim Alto da Babilônia

ÍNDICE **LPJ**

Dr. LUCAS DE ANTIOQUIA

Data: _____

Horário: _____

SESSÃO
54

A adoração é mesmo um antídoto muito poderoso contra a murmuração.

Quando eu estava em Filipos com o Silas e o Paulo, eles expulsaram o demônio de uma menina e acabaram presos. Se tinha duas pessoas na face da Terra que podiam reclamar da injustiça, eram aqueles dois. Mas eles resolveram fazer outra coisa.

— Ei, Silas, me dá um Lá.

— ♪ Lááááá...

— 🎵 De braços abertos quero te receber! Cristo eu estava esperando você! 🎵

Os dois começaram a cantar. E os detento tudo lá, ouvindo os dois loucos:

— Ô meus irmãozinho, nóis tamo aqui pra te dizer: Nóis era pecador, mas tamo lavado pelo sangue de Jesus!

Resultado: pufff — as portas da cadeia se abriram e uma família inteira foi salva. Se os dois estivessem lá: "Mimimi, mimimi", isso teria acabado em quê? Morte!

Quando você murmura, você tá fazendo o que todo mundo faz. Mas quando adora, as pessoas se convertem e a loucura se multiplica.

Prescrição:

Das músicas de que você gosta, pense em uma que louve a Deus pelas coisas que ele faz, e que não apresente nenhum tipo de petição. Ouça essa música agora, enquanto escreve abaixo os versos de que mais gosta, e outros pensamentos que surgirem. Faça cópias desta página (impressas ou digitais), para que você as tenha sempre à mão, a fim de se lembrar de adorar a Deus em vez de murmurar.

Rua Nazaré, 33
Jardim Alto da Babilônia

Dra. MARIA DE BETÂNIA

Data: _____

Horário: _____

SESSÃO
55

Com a adoração do louco, tudo o que é do mal sofre um abalo.

A adoração prepara as pessoas para a salvação. Ela atrai os não crentes, e coloca o crente no modo "testemunha" mais facilmente. Quando seu coração está cheio de gratidão e admiração pelo Senhor Jesus, é mais fácil e natural falar dele para as outras pessoas. Por isso, a adoração é a chave do testemunho.

Quando você adora e enche sua alma de gratidão e louvor a Deus, você terá algo a dizer para os homens quando estiver diante deles. Sua própria vida lhes dará motivos para que queiram conhecer seu Deus e viver de um jeito tão positivo e genuinamente alegre, como você.

Prescrição:

Recite estes versos até eles fazerem parte do seu DNA:

Bendiga ao Senhor a minha alma!
Bendiga ao Senhor todo o meu ser!

Bendiga ao Senhor a minha alma! Não esqueça de nenhuma de suas bênçãos!

É ele que perdoa todos os seus pecados e cura todas as suas doenças,

que resgata a sua vida da sepultura e o coroa de bondade e compaixão,

que enche de bens a sua existência, de modo que a sua juventude se renova como a águia.

Salmos 103:1-5

Escreva seus próprios versos de adoração ao Senhor.

Rua Nazaré, 33
Jardim Alto da Babilônia

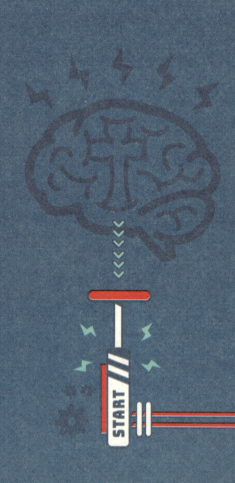

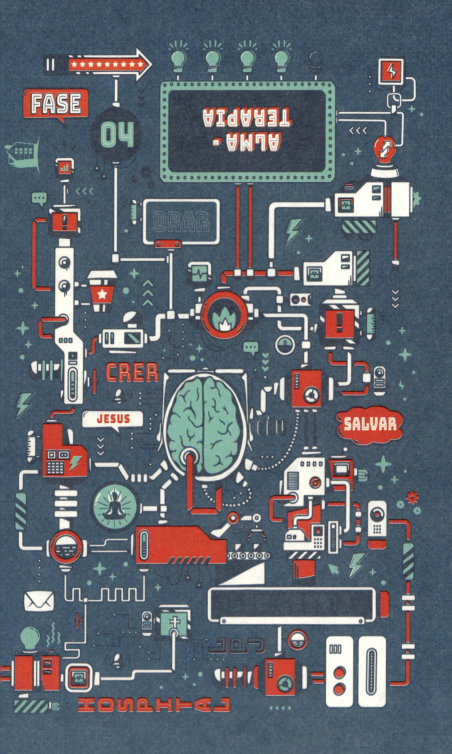

Dra. MARIA DE BETÂNIA

Data: _____

Horário: _____

SESSÃO
56

Idealmente, o gráfico da caminhada cristã deveria ser assim:

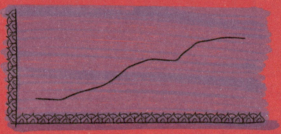

Mas na maioria das vezes, ele se parece mais com isso:

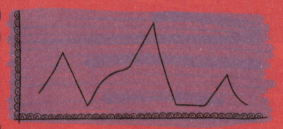

Ainda que a gente não consiga avançar como queria, não podemos baixar o nível. "Tão somente vivamos de acordo com o que já alcançamos" **(Filipenses 3.16).**

Mantenha a fé viva em seu coração, e não abaixe o nível que você alcançou. Viva desse nível para cima. Ficar estagnado? Talvez. Retroceder? Jamais.

Prescrição:

1. Que comportamentos positivos em relação ao cristianismo (jejum, testemunho, confissão de pecados, leitura da Bíblia) já fizeram parte da sua vida, mas hoje não fazem mais?

_____

_____

_____

2. O que levou você a abandonar esses comportamentos?

_____

_____

3. O que você precisa fazer para voltar a esse nível?

_____

_____

_____

4. E quais são os próximos passos depois disso?

_____

_____

_____

Não viva apenas de manutenção. Cresça na fé e entregue a Deus o seu melhor, vivendo a partir do nível que você já alcançou.

Rua Nazaré, 33
Jardim Alto da Babilônia

Dr. LUCAS DE ANTIOQUIA

Data: _____

Horário: _____

SESSÃO
57

Você conhece Raabe?

A mina fez tudo errado a vida inteira. Era prostituta. Ela não acertou em alguns momentos da vida: ela SÓ errou. Mas um único dia ela acertou, e acolheu os espiões dentro de casa.

Deus falou assim: "Você errou a vida inteira, saiu da linha a vida inteira. Mas essa guinada que você deu foi tão top que eu vou fazer um negócio FEDERAL com você. Você vai virar a tataratataratataravó do meu filho Jesus".

Aí quando você vai lá pra **Mateus 1**, encontra estampado na genealogia de Jesus: "Raabe, a ex-prostituta de Jericó".

Um absurdo?

Não. Deus chama isso de "Graça".

Prescrição:

Raabe ajudando os espiões ↘

Leia a genealogia de Jesus em Mateus 1.
Estude a biografia de uma dessas pessoas:

1. Jacó

2. Tamar

3. Rute

4. "mulher de Urias"

5. Manassés (leia o relato de 2Crônicas 33)

Anote aqui os babados que descobrir sobre essa galera.

_____
_____
_____
_____
_____

Qual deles merecia fazer parte da genealogia do Cristo? Como a graça agiu na vida deles e na sua também?

_____
_____
_____
_____
_____
_____

Rua Nazaré, 33
Jardim Alto da Babilônia

ÍNDICE **LPJ**

Dra. MARIA DE BETÂNIA

Data: _____

Horário: _____

SESSÃO 58

O passado já passou. O futuro não nos pertence. Tudo o que possuímos de verdade é o agora.

O que você tem de fazer? Viver o agora!

Você não precisa viver preso a nenhum tipo de passado: nem o ruim e nem o bom. Tem uma mulher na nossa turma de seguidoras de Jesus que também chamava Maria. Aliás, tinha muita Maria, então a gente usava uns apelidos. Essa Maria era da cidade de Magdala, então a gente chamava ela de Madalena. Quando a Madá conheceu Jesus, ela estava possuída por sete demônios. Jesus a libertou de cara. Depois disso, nem ela e nem a gente ficava pensando: "Ai, genteee... A Madá não é digna de estar na nossa turma... O diabo já sapateou dentro dela!". Nada disso! Nem a Madá e nem nós somos mais o que nos aconteceu!

Cada um de nós é o que decide ser à luz do que Jesus fez em nós e por nós. Somos seguidores, testemunhas da sua ressurreição e do seu poder. Vira pro seu passado, que nem a Madá fez, e diz:

— Passado, seu lindo, tchau.

Prescrição:

Esse negócio de ficar contando e recontando sua história não tem muita chance de curar ninguém. O que importa na sua vida hoje não é o bom que aconteceu ontem e que você não vive mais, ou o ruim que estragou sua história. O que importa é quem você é hoje!

E QUEM É VOCÊ HOJE?

"De agora em diante, a ninguém mais consideramos do ponto de vista humano [...]. Se alguém está em Cristo, é nova criatura. As coisas antigas já passaram; eis que surgiram coisas novas!" (2Coríntios 5:16-17)

Desenhe no espaço abaixo quem é você hoje, totalmente reformulado e liberto em Cristo.

Rua Nazaré, 33
Jardim Alto da Babilônia

Dra. MARIA DE BETÂNIA

Data: _____
Horário: _____

SESSÃO 59

Hipertimesia. Você tem isso? É uma enfermidade em que a pessoa se lembra de cada detalhe da sua vida. Tudinho.

Por que ter essa supermemória é uma doença, e não um superpoder? Porque se lembrar de tudo é um sofrimento, e não uma alegria.

É muito bom a gente esquecer algumas coisas. Até Deus esquece. Ele diz que o pecado confessado é atirado na profundeza do mar, e ele não se lembra mais daquilo **(Miqueias 7:19)**.

Mas também é bom ter memória. Só que não é de tudo que devemos nos lembrar, e sim das coisas amáveis, puras, louváveis, virtuosas.

Quando as pessoas vivem algo ruim, geralmente se lembram dos detalhes daquele momento: a roupa, o lugar, as palavras. Mas as palavras boas que ouvimos geralmente entram por um ouvido e saem por vários. São essas coisas, e não as ruins, que realmente têm poder para mudar sua história.

Traga à sua memória hoje aquilo que pode lhe dar esperança.

Newnw por nouser cqthnon

Prescrição:

Vamos fazer uma lista das coisas boas de lembrar que você viveu. Pare um segundo pra olhar as fotos do seu celular e se você puder, as que estão no seu computador e, talvez, até impressas, e relembre-se de bons momentos vividos. Anote aqui.

Fotografe esta página e dê uma olhada nela cada vez que precisar de uma dose extra de esperança e motivação.

Dr. JOÃO BATISTA

Data: _____

Horário: _____

SESSÃO **60**

Você não escolhe viver dias tristes. "Minino, vou ali rapidão viver uma depressão". Não, ninguém faz isso. Apesar de não ser uma escolha, você pode escolher como reagir: pode se conformar com a tristeza ou se desconformar dela.

Mas ainda assim, conformar-se com a tristeza não é garantia de alegria imediata, assim como não é verdade que se você entregar sua vida pra Jesus sua vida vai ser mil maravilhas. Jesus não é o gênio da lâmpada.

Muitas das suas lutas virão POR CAUSA de Jesus, por causa da sua decisão de ser um louco por Jesus em terra de gente nooooormaaaaal.

É aqui que passa uma linha separando o louco do cristão normal:

ATITUDE DO NORMAL

Jesus, me livra dessa tristeza, desses pobrema!

ATITUDE DO LOUCO

Uhuuuuu! Tô sofrendo só um pouquinho por causa de Jesus!!!

Prescrição:

O LOUCO POR JESUS NÃO SAI COM UMA REDE PRA CAÇAR PERSEGUIÇÃO. ELA VEM POR CAUSA DO COMPORTAMENTO DELE.

HOJE VOCÊ VAI FALAR DE JESUS PRA ALGUÉM QUE CRUZAR SEU CAMINHO: PASSANDO NA RUA, DENTRO DO BUSÃO, NA FILA DO MERCADO ETC. FALE DO AMOR DE JESUS POR ELA, E DE COMO ELE CONHECE TUDO O QUE ELA ESTÁ VIVENDO NAQUELE INSTANTE. FALE COM AMOR E ALEGRIA SINCERA. DEPOIS, RELATE A EXPERIÊNCIA AQUI, SELECIONANDO UMA DAS TRÊS OPÇÕES:

1. ( ) ELA OUVIU VOCÊ? QUE BOM! COMO FOI O PAPO?

2. ( ) ELA NÃO QUIS OUVIR VOCÊ? QUE BOM! O QUE ELA DISSE? O QUE VOCÊ FEZ?

3. ( ) ELA MALTRATOU VOCÊ? QUE BOM! COMO VOCÊ SE SENTIU?

REPITA A EXPERIÊNCIA PELO MENOS MAIS DUAS VEZES ATÉ O FIM DO TRATAMENTO.

Rua Nazaré, 33
Jardim Alto da Babilônia

Dr. JOÃO BATISTA

Data: _____
Horário: _____

SESSÃO 61

Tristeza é um estilo de vida. É a decisão de enxergar o mundo em preto e branco, pelos óculos do pessimismo e da dor.

A tristeza não é obrigatória, ela é opcional. É a gente que se põe triste diante dos fatos e dos comentários que outros nos trazem. Poderíamos escolher milhares de reações, mas a tristeza é isso: uma escolha.

A Bíblia não diz pra gente não chorar. Não diz que a gente não pode ter um momento de tristeza. Também não diz que a gente tem que ser uma hiena retardada rindo 24 horas por dia. Ela não diz nada disso, mas manda que a gente faça uma coisa: "Alegrem-se" **(Filipenses 4:4)**. Alegrem-se em meio ao choro, em meio aos problemas.

A pessoa que é louca por Jesus precisa viver situações ruins. Assim ela pode mostrar ao mundo como um servo de Deus se comporta quando as coisas não acontecem do jeito que ele esperava. E Deus pode cutucar o mundo e dizer: "É assim que eu quero que você seja".

Prescrição:

HOJE VOCÊ VAI FAZER A SEGUINTE ORAÇÃO:

"JESUS, ME AJUDE A CURAR ALGUÉM HOJE COM A MINHA ALEGRIA".

"JESUS, ME AJUDE A CURAR ALGUÉM HOJE COM A MINHA ALEGRIA".

AGORA ESCREVA OU DESENHE COISAS QUE O DEIXEM FELIZ E ALEGRE, PRA ENTRAR NO CLIMA.

Rua Nazaré, 33
Jardim Alto da Babilônia

ÍNDICE **LPJ**

Dr. DANIEL BELTESSAZAR

Data: _____

Horário: _____

SESSÃO **62**

Uma forma de combater a tristeza é servindo o outro.

Quando você serve os mais carentes, a alegria fica muito grande. Você sara instantaneamente.

Você sara quando entra na seção pediátrica de um hospital de oncologia.

Você sara quando recebe um "Muito obrigado" de alguém que perdeu tudo numa catástrofe natural.

Você sara quando ganha um pedaço de bolo de uma senhora viúva que recebeu sua visita.

Há carentes em todo lugar. Na sua sala de aula deve haver gente que não tem dinheiro para comprar o material de estudo. No seu escritório deve ter gente que não tem condições de comprar uma segunda cesta básica. Na sua igreja deve ter gente tomando banho frio porque não tem dinheiro para pagar a conta de luz.

O maior sentimento de alegria que alguém pode ter no mundo é conseguir colocar um sorriso nos lábios de outra pessoa.

Que dia o seu amor e o seu serviço irão mudar a história de alguém?

Prescrição:

Procure formas de servir outras pessoas: fazendo atendimento numa comunidade carente, trabalho voluntário, viagem missionária... Envolva-se com esses ministérios. Provavelmente há grupos cristãos servindo os mais carentes em sua cidade, e eles vão se beneficiar com a sua ajuda.

Mas hoje mesmo, ajude alguém. Não precisa ser financeiramente, pode ser uma gentileza. Depois, volte e escreva aqui como foi a sensação.

Rua Nazaré, 33
Jardim Alto da Babilônia

Dr. HABACUQUE PROFETTI

Data: _____

Horário: _____

SESSÃO
63

Outro jeito de não perder a alegria é servindo você mesmo.

Vou explicar: se você vê um mendigo na rua, você não ajuda? Se uma pessoa foi injustiçada, você não para pra ouvi-la? Se você encontra um órfão, não quer ajudar? Por que então você não ajuda o órfão, o injustiçado e o mendigo que estão aí dentro de você?

É um boicote à sua alegria ficar se depreciando quando algo dá errado. Sim, você não é perfeito. Mas ninguém é, e por isso é doidera você tentar condicionar sua alegria à sua perfeição. A verdadeira alegria está em um real imperfeito, e não um fake perfeito.

Seja quem você é. Ame-se do jeito que Deus o fez. Quando você se trata bem, fica cheio de alegria, e com isso, pode espalhar cura ao seu redor.

Dr. LUCAS DE ANTIOQUIA

Data: _____

Horário: _____

SESSÃO
64

Uma terceira forma de manter sua alegria é servindo a Jesus.

Encare o fato de que Jesus não precisa do seu serviço nem da sua adoração porque ele tem isso DE GRAÇA e muito melhor no céu. Sim, de graça, porque ele não precisou morrer pelos anjos que o adoram. Já os seres humanos que lhe custaram a vida dão um trabalho pra serem adoradores...

E como servimos a Jesus? Ele disse que toda vez que a gente estender um copo de água, fazer uma visita, dar uma roupa a um dos pequeninos irmãos, é a ele que estamos servindo (Mateus 25:40).

Já falamos de servir ao outro. Mas hoje tem um plus: falamos de gente que precisa da sua ajuda. O lance agora é servir gente que deveria estar servindo você.

Sirva seu líder. Sirva seus pais. Sirva seu pastor.

Prescrição:

- Você vai atender as necessidades de quem hoje?
- Vai dar um telefonema pro seu pastor?
- Mandar um e-mail de gratidão para os seus pais?
- Investir seu momento de oração em intercessão pelo prefeito?

Pense aí e anuncie quem é o vencedor e o que ele irá ganhar de você hoje.

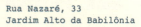

Dr. HABACUQUE PROFETTI

Data: _____

Horário: _____

SESSÃO
65

Você é feliz por completo quando faz o que foi chamado para fazer.

Às vezes achamos que a alegria é fazer o que O OUTRO faz, e não o que temos nas mãos pra fazer. "Bom mesmo seria poder gravar um CD, pregar pra uma multidão, fazer programa na TV..."

Isso é dar Ctrl+C Ctrl+V na vida dos outros, copiar os sonhos dos outros e viver como se fossem os seus. Deus preparou você para abençoar as pessoas e distribuir a graça dele de uma maneira única. Como diz a canção, "Ado, ado, ado, cada um no seu chamado".

A pior coisa do mundo é um celular que não se conecta na net, um carro que não liga, um microfone que não sai som. Tem gente que passa a vida assim, só existindo.

"Tá, doutor, não sei qual é o meu chamado." Vou ajudar.

Prescrição:

Tem duas atividades muito boas pra você reconhecer o seu chamado.

1. Conhecendo você mesmo. Quais são suas habilidades? O que você faria de graça pro resto da sua vida? Essas são as coisas com as quais Deus equipou você pra ser útil no Reino dele.

_____

_____

_____

_____

_____

_____

_____

_____

_____

2. Testando. Ligue agora mesmo para um líder de ministério em sua igreja, ou para o seu pastor, e coloque-se à disposição para servir no que for necessário. É trabalhando que a gente descobre novos dons.

♫ MOMENTO MUSICAL

Mão no arado, canção do Grupo Logos – uns caras que marcaram época lá uns 30 anos e ainda são um arraso –, diz que quem começa a trabalhar para o Reino de Jesus não pode mais parar, de tão bom que é. E então, você vai dar mole e olhar para trás?

Rua Nazaré, 33
Jardim Alto da Babilônia

ÍNDICE **LPJ**

Dr. LUCAS DE ANTIOQUIA

Data: _____

Horário: _____

SESSÃO
66

> O que é alegria pra um louco por Jesus não é o mesmo que alegria pra um ser humano normal.
>
> A alegria de gente normal geralmente é fruto de uma boa notícia. "Me formei!" "Me casei!" "Fiz um mega hair!". O louco por Jesus não depende de uma lista de coisas boas para ser feliz. Lembro do meu amigo Paulo dizendo que ele aprendeu o segredo de viver contente em qualquer situação. O segredo dele foi ter descoberto que ele poderia passar por qualquer coisa em Jesus, porque Jesus o fortalecia **(Filipenses 4:12-13)**.
>
> E você, o que faz você feliz?
>
> Perder sua reputação por causa de Jesus faz você vibrar?
>
> Você acha que ser xingado por causa de Cristo é uma promoção?
>
> Você aprendeu a cantar no meio da dor?
>
> Tem muitas alegrias que você ainda não experimentou. É só questão de ver o mundo como um louco vê.

Prescrição: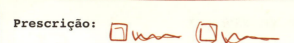

Hoje você vai postar na sua rede social favorita uma alegria que Jesus lhe proporcionou nesses dias. Pode ser uma oração atendida, uma pessoa que se converteu por meio do seu testemunho, a leitura deste livro maravilhoso... Alguma coisa que deixou você feliz de verdade e que foi patrocinado 100% por Jesus.

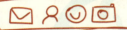 

Tire uma foto e coloque na legenda: "A alegria de um louco por Jesus dura pra sempre"

 200

Rua Nazaré, 33
Jardim Alto da Babilônia

Dr. HABACUQUE PROFETTI

Data: _____

Horário: _____

SESSÃO **67**

> O que é alegria?
>
> Biblicamente falando, alegria verdadeira é a presença do Espírito Santo, porque o segundo item do fruto do Espírito é:
>
> _____ (Gálatas 5:22).
>
> Essa é a alegria real, que nunca deve ser confundida com um momento de euforia, como quando alguém recebe uma boa notícia ou quando uma menina vê o ídolo dela no palco, a 90 km de distância:
>
> —AHHHHHHHHHHHHHHHHHHHH (agudo agudo agudo).
>
> Esses chiliques momentâneos nada têm a ver com alegria verdadeira. Ela só é encontrada no Espírito Santo.
>
> Permanecer firme no Espírito não significa ficar rindo o tempo todo, mas é não se entregar à onda de tristeza que quer levar você. Você pode ficar triste SIM, só não pode aceitar isso como regra na sua vida.
>
> O Espírito Santo é quem vai lhe dar o consolo inexplicável quando você chora e vive seus piores dias.

Prescrição:

Escreva aqui versos bíblicos que falem sobre as coisas que o Espírito proporciona ao filho de Deus. Quando você estiver meio triste, releia esses versos e se aproprie da verdade que eles transmitem. Alegre-se por ter Deus morando dentro de você.

Deixei algumas referências pra você escrever por extenso, mas vasculhe mais sua Bíblia e acrescente novos versos.

João 16:11

_____
_____
_____
_____
_____

1Coríntios 12:7

_____
_____
_____
_____

Efésios 1:13

_____
_____
_____

Atos 2:17

_____
_____
_____

1Pedro 3:18

_____
_____
_____
_____

MOMENTO MUSICAL

O Espírito Santo é aquela pessoa que te dá uns toques de vez em quando, principalmente quando você vacila. Aí, a gente se acerta com o Pai e segue adiante, cantando: Santo Espírito, és bem-vindo aqui.

Rua Nazaré, 33
Jardim Alto da Babilônia

ÍNDICE **LPJ**

Dr. LUCAS DE ANTIOQUIA

Data: _____

Horário: _____

SESSÃO
68

A última coisa em que pensamos como fonte de alegria é a correção, porque ninguém consegue associar disciplina a uma coisa legal. E é normal. Se correção e disciplina doem tanto, como é possível ter alegria nisso?

É porque Deus só faz isso com quem ele ama. Na verdade, Deus não castiga seus filhos, ele disciplina. O castigo foi para os que não são filhos. Quando Ló, por exemplo, perdeu sua casa e saiu correndo de Sodoma, ele estava sendo disciplinado por Deus por ser vacilão. Mas sobre Sodoma caiu fogo do céu, e eles não tiveram nem tempo de correr. Isso foi castigo.

O castigo visa punir o vacilão. A disciplina quer ensinar e realinhar. Por isso disciplina é só para os filhos.

Deus disciplinou você? Que bom! Isso mostra que você é filho dele.

Prescrição:

Você está disposto a fazer uma coisa muito louca?

Repita essa oração comigo:

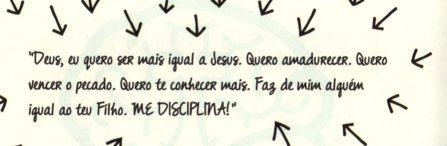

"Deus, eu quero ser mais igual a Jesus. Quero amadurecer. Quero vencer o pecado. Quero te conhecer mais. Faz de mim alguém igual ao teu Filho. ME DISCIPLINA!"

É muito louco porque Deus atende às nossas orações. Deseje e procure pela disciplina de Deus hoje.

Rua Nazaré, 33
Jardim Alto da Babilônia

Dr. HABACUQUE PROFETTI

Data: _____

Horário: _____

SESSÃO
69

> Se você conseguir encarar os problemas da vida como disciplina, vai ser maravilhoso.
>
> Será que Deus não tá disciplinando você com essa situação extrema que você tá vivendo hoje? Falta de money, falta de love... "Ah, não, doutor, eu sou tão fiel! Não preciso de disciplina".
>
> Você acha mesmo que é tão TOP na fé que só será disciplinado por Deus quando errar feio?
>
> O lance é que a maioria de nós só quer que a disciplina acabe logo. "Ok, Senhor, aprendi, aprendi, vamos passar pra próxima!"
>
> Mas Deus n-ã-o t-á c-o-m p-r-e-s-s-a. Ele age deees...paaa...cito.
>
> Quer ser louco mesmo? Curta a disciplina. Ela é como uma certidão de nascimento espiritual, que prova de quem você é filho.

Prescrição:

Copie aqui os versos de Hebreus 12:7,10 e 11:

_____

_____

_____

_____

_____

_____

Se você consegue ver a disciplina de Deus em sua vida, e já é capaz de se alegrar, escreva abaixo uma frase de louvor. Se ainda não consegue se alegrar, escreva uma oração pedindo maturidade. E se não se sente disciplinado, peça misericórdia e suplique pela disciplina amorosa dele.

_____

_____

_____

_____

_____

_____

_____

♫ MOMENTO MUSICAL

Ok, você levou outra chamada de Deus... Não esquenta, não! Ele só corrige a quem ele ama! Isso me faz lembrar de uma música que eu curto pra caramba: Quero aprender com Jesus, do Thalles Roberto. E você, também está na escola de Cristo?

Rua Nazaré, 33
Jardim Alto da Babilônia

ÍNDICE **LPJ**

Dr. JOÃO BATISTA

Data: _____
Horário: _____

SESSÃO 70

Não tem nenhum filho de Deus na história (exceto Jesus) que nunca tenha sido disciplinado. "A disciplina é para todos os filhos" **(Hebreus 12:8)**. Pense no maior cristão que você já conheceu ou de quem já ouviu falar, assim, no mais maior de grande. Pensou? Ele foi disciplinado.

Não tente dar uma de quiabo ensaboado pra escorregar pra fora da disciplina de Deus. Se correr, vai ser pior. Aceite a chinelada. Não pega mal estar em disciplina divina. O ruim é nunca ter sido disciplinado por ele.

Prescrição:

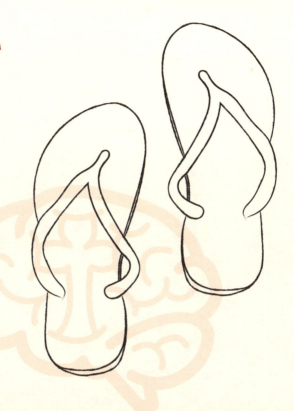

Carregue um chinelo com você hoje, mas não no pé. Cole nele uma etiqueta ou um pedaço de fita crepe e escreva o texto de HEBREUS 12:8.

Cada vez que você olhar para o chinelo, repita: "Se eu correr da disciplina de Deus, vai ser pior.".

Rua Nazaré, 33
Jardim Alto da Babilônia

ÍNDICE **LPJ**

Dra. MARIA DE BETÂNIA

Data: _____

Horário: _____

SESSÃO
71

Há ainda outro motivo de alegria na disciplina, além de ela ser uma prova de que somos filhos. Na disciplina, Deus livra você de uma dor maior, que era pra onde você estava indo se não tivesse sido disciplinado.

Na hora da disciplina não há alegria mesmo. Dói, é desconfortável e, não poucas vezes, é humilhante. Mas disciplina não é coisa de um Deus estraga-prazeres. A correção que ele dá em você é para livrá-lo de uma queda fatal.

Criança sempre chora quando é disciplinada. Mas quando ela cresce, entende que aquilo serviu para um propósito muito grande. Elas produziram frutos bons na sua vida. Quando você amadurece e vê isso, então consegue se alegrar por ter sido disciplinado.

Prescrição:

Essa linha representa sua linha do tempo. Pense nos momentos em que Deus interveio na sua história e o disciplinou. Para onde você teria ido sem a disciplina dele? Aonde você está agora por causa desse gesto de amor do Pai?

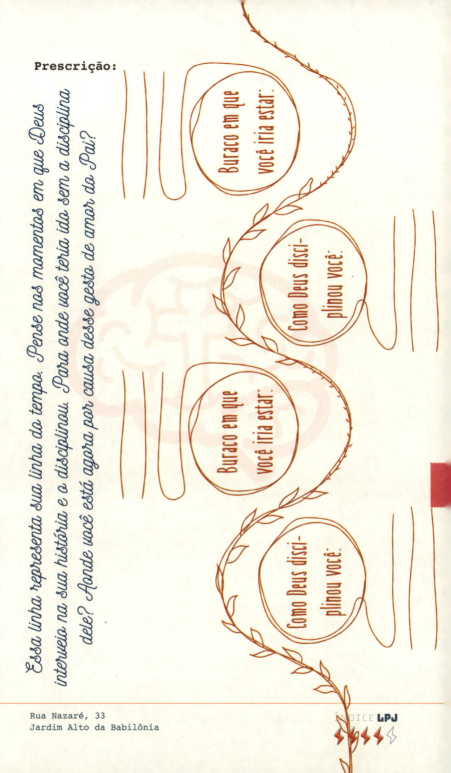

Buraco em que você iria estar.

Como Deus disciplinou você.

Buraco em que você iria estar.

Como Deus disciplinou você.

Rua Nazaré, 33
Jardim Alto da Babilônia

ÍNDICE LPJ

Dr. DANIEL BELTESSAZAR

Data: _____
Horário: _____

SESSÃO
72

Um dos frutos que a disciplina produz é a integridade.

Integridade é a capacidade de se manter fiel àquilo que você crê. Não é perfeição no sentido de não errar. É perfeição no sentido de não haver discordância entre o que se fala e o que se vive. É ser inatacável — não ter pontos desajustados que possam servir de pretexto para os outros o atacarem e acabarem com você.

O louco por Jesus íntegro é aquele que é a mesma coisa em qualquer lugar.

A maior dificuldade para o crente ser íntegro não é o pecado. Confessar e abandonar o pecado fazem parte de sua prática de vida. O que é difícil mesmo é ser íntegro quando ninguém mais é. Aquele que se propõe a ser diferente pode encontrar muita oposição e tentação de deixar a integridade de lado e ser só mais um.

Prescrição:

Hoje você vai praticar a integridade aonde for. Se você diz ser louco por Jesus, viva de acordo com os princípios dele em todas as situações do seu dia, esteja com vontade ou não. Em cada instante, pense: "Como Jesus agiria neste momento?".

Anote aqui os momentos em que você realmente se sentiu desafiado a ser íntegro, e por que foi tão difícil manter sua integridade.

Rua Nazaré, 33
Jardim Alto da Babilônia

Dr. LUCAS DE ANTIOQUIA

Data: _____

Horário: _____

SESSÃO
73

A integridade se mostra nas pequenas coisas. Talvez assim, de longe, beeem de longe, você até passe a impressão de parecer ser uma pessoa íntegra. Você não foi preso na Lava-Jato e nem ficou retido na malha fina da receita federal. Mas e se alguém examinar sua vida sob um microscópio, será que vai encontrar alguma inconsistência? Uns usos indevidos da impressora do seu escritório? Uns GatoNets para ter TV a cabo? Estacionar em fila dupla ou furar o sinal vermelho?

"Ah, doutor, mas aí ninguém é íntegro!"

Não, você já sabia disso. Minha pergunta é: "VOCÊ QUER SER ÍNTEGRO?". Quer pagar o preço da integridade, e abrir mão dessas pequenas sujeiras que acabam com seu caráter diante dos outros e de Deus?

Prescrição:

Você tem integridade sobrando pra poder sair com o nome de Jesus estampado na testa e não correr o risco de ser hipócrita?

Se sim, é o que você vai fazer hoje.

Não precisa escrever "JESUS" na testa literalmente. O que você vai fazer é sair com uma camiseta que anuncie Jesus de alguma forma, e que mostre pra quem te ver que você é um louco seguidor de Cristo.

Depois que voltar do rolê, pense em algumas estampas ou frases legais pras camisetas abaixo. Quem sabe você pode criar um outdoor de Jesus personalizado!

Rua Nazaré, 33
Jardim Alto da Babilônia

Dra. MARIA DE BETÂNIA

Data: _____
Horário: _____

SESSÃO
74

O maior teste à sua integridade são as pressões. Muita gente perde a integridade porque não suporta a pressão. Reage que nem pipoca. Tem uma crise de chilique e muda de igreja, de marido, de cabelo, de sexo...

Mas quando a pressão acaba, sobra o que? Uma pessoa que negociou todos os seus valores, e agora está com o cabelo desbotado.

O que fazer para preservar sua integridade em meio à pressão? Nada! Permaneça firme no que você creu até então. Não mude, não negocie seus princípios, não abra mão de suas crenças. Prefira morrer na cova do que se render ao diabo.

Prescrição:

Hoje você vai reavaliar as pessoas que influenciam você, com base no caráter delas.

Quantas pessoas você permite que influenciem o que você come, veste e faz na hora de lazer, mas que não têm nenhum traço bom em seu caráter e nenhuma sombra de integridade? Pense tanto no seu círculo de amigos como nas redes sociais.

Você vai deixar de seguir essa pessoa, e substituí-la por outra que seja uma influência positiva sobre seu caráter e sua integridade. No futuro você pode até voltar a segui-la, mas hoje você vai ficar de fora dos babados da vida dela para fortalecer a sua integridade.

Rua Nazaré, 33
Jardim Alto da Babilônia

Dr. DANIEL BELTESSAZAR

Data: _____

Horário: _____

SESSÃO
75

> Qual é a recompensa de uma vida de integridade?
>
> Uma vida feliz que ultrapassa a sua própria existência, se estende sobre a próxima geração e dura para sempre.
>
> Como é feliz o homem que teme o SENHOR e tem grande prazer em seus mandamentos!
>
> Seus descendentes serão poderosos na terra, serão uma geração abençoada, de homens íntegros.
>
> Grande riqueza há em sua casa, e a sua justiça dura para sempre **(Salmos 112:1-3)**.
>
> A recompensa do íntegro não está em carro, roupa, empresa, ações. Está dentro de casa com seus pais, seus filhos, sua esposa, com as pessoas que ele ama. Esse é o tesouro do louco por Jesus que não negocia seus valores nem com a faca no pescoço.

Prescrição:

Copie aqui o texto de Jó 1:8.

Era isso que Deus pensava a respeito de Jó.

O que você _____ gostaria que as

pessoas _____ e Deus,

acima _____ de Tudo,

dis— _____ sesse

a _____ seu

res— _____ peito?

O que você _____ está

plantando em seu cará— _____ ter hoje para

colher no futuro?

Escolha hoje um traço de caráter que você quer ver

bem desenvolvido na sua vida. Planeje quais são

as mudanças de hábitos que você terá de fazer para

que isso se torne real.

Dr. JOÃO BATISTA

Data: _____

Horário: _____

SESSÃO
76

É muito comum que um período de grande frieza espiritual aconteça no auge do trabalho para Deus. A pessoa nunca esteve mais envolvida na casa do Senhor, ao mesmo tempo em que nunca esteve mais fria na fé. Fraqueza na caminhada com Deus não significa necessariamente não ir à igreja. O desviado não está na casa dele vendo Netflix na hora do culto. Ele pode estar no altar, com o microfone na mão, falando com você.

É o seu perfil?

O que falta a gente assim é coração. De nada adianta todo conhecimento do mundo se o coração dela não se emociona mais diante do Filho de Deus.

Você reanima seu coração voltando diariamente à loucura por Jesus. Se você deixar rolar, o fogo apaga. Começa aos poucos, mas lá na frente você se pega mais frio do que jamais foi.

Prescrição:

LEMBRE-SE DOS SEUS PRIMEIROS DIAS!

QUANDO VOCÊ SE CONVERTEU?

QUAL FOI A OCASIÃO?

QUEM PREGOU, CANTOU, FALOU NAQUELA OCASIÃO?

QUAL O TEXTO FALADO NAQUELA OCASIÃO?

_____
_____
_____
_____

SE VOCÊ NÃO LEMBRA, NÃO DEIXE A PÁGINA EM BRANCO. PENSE SOBRE ISSO AO LONGO DO DIA. SE REALMENTE FOR IMPOSSÍVEL DE SE LEMBRAR, POR QUALQUER MOTIVO, RESPONDA ÀS PERGUNTAS PENSANDO EM UMA EXPERIÊNCIA ESPECIAL DE REENCONTRO COM O SENHOR.

Rua Nazaré, 33
Jardim Alto da Babilônia

Dr. HABACUQUE PROFETTI

SESSÃO
77

Data: _____

Horário: _____

Quando nosso amor por Jesus esfria, a gente também perde o amor pelas pessoas. A dor alheia começa a não importar mais. Começamos a dar respostas teológicas pra dor dos outros. "Eu não gosto de interferir quando Deus tá tratando as pessoas".

Quem não serve pra estender a mão pra atender uma pessoa que vai morar no céu com ela, não merece morar no céu, porque não vai gostar de viver lá. É um lugar que tem muita gente.

As grandes catástrofes naturais levam você às lágrimas diante da televisão, ou você simplesmente muda de canal porque não aguenta mais tanta tragédia atingindo seu sofá? As pessoas necessitadas da sua comunidade o incomodam a fazer algo por elas, ou o levam a se sentar num lugar bem distante para não ter de ver o sapato furado e os dentes estrupiados do irmão?

Quando alguém estiver sofrendo, não tente descobrir o motivo. Só estenda a mão.

Prescrição:

Estenda a mão para alguém hoje. Procure alguém para ajudar como se a sua vida dependesse disso. Ofereça água a um carteiro, comida a um morador de rua, procure um irmão da igreja que precise de algum tipo de doação.

Em outro momento, navegue por um site de notícias e interceda por todos os eventos que você encontrar ali. Pense se há pessoas que estão sofrendo naquela situação e interceda por elas.

MOMENTO REFLEXÃO

Você já experimentou o prazer de ajudar alguém? Já deu aquela força para um amigo que estava no sufoco, ou mesmo uma moral para um estranho? Ou vai só orar pelo cara? SQN!

Rua Nazaré, 33
Jardim Alto da Babilônia

ÍNDICE LPJ
⚡⚡⚡⚡⚡

Dr. HABACUQUE PROFETTI

Data: _____

Horário: _____

SESSÃO
78

Quando uma pessoa comete uma ofensa contra você, essa pessoa contraiu uma dívida. As dívidas mais fáceis de pagar são as de dinheiro. As dívidas punk de pagar são as dívidas morais. Você pisou na bola de um jeito tão feio que o que você fizer, o que você falar não resolve nada.

O que é perdoar? É cancelar a dívida. Assumir o dano. Se você foi perdoado, você não deve mais nada.

Não tô falando só em termos espirituais. Tô falando em perdoar outro ser humano. Deus perdoou você, ótimo, mas você age da mesma forma? Ou acha que só você merece misericórdia?

Ninguém merece misericórdia. Só condenação. Mas "a misericórdia triunfa sobre o juízo" **(Tiago 2:13)**.

Foi assim, aliás, que você foi salvo!

Prescrição:

==Copie hoje o texto de Hebreus 12:15 aqui:==

_____
_____
_____
_____
_____
_____
_____
_____
_____

==Existe alguma amargura escondida no seu coração? Coisas do passado que não estão bem resolvidas? Ore por elas agora, e pelas pessoas envolvidas. Comece a liberar perdão sobre a vida dessas pessoas. Você vai aprender mais sobre como fazer isso nos próximos dias.==

MOMENTO MUSICAL

Não tem remédio melhor que o perdão. Perdoar é o melhor remédio que existe, mesmo a quem é maior vacilão. Aliás, o **Kleber Lucas** tem uma canção chamada ==Perdão== em que ele diz que devemos dar um copo de água até a um inimigo que tenha sede... Mas é claro que você não tem inimigos, não é? Ou não?

Rua Nazaré, 33
Jardim Alto da Babilônia

ÍNDICE **LPJ**

Dr. JOÃO BATISTA

Data: _____
Horário: _____

SESSÃO
79

Perdoar é escolher as pessoas, e não os seus próprios argumentos.

Tem gente que prefere ter razão do que ter as pessoas. Cola um adesivo no peito, dizendo: "Eu tenho razão!".

Beleza, vive com a razão. Dorme com a razão, passeia com a razão, envelhece com a razão. Você vai morrer sabe como? Coberto de razão. E sozinho.

Eu prefiro ter gente comigo do que ter razão. Assim como Jesus nos perdoou sem que a gente merecesse nada, devemos perdoar, não com base nos merecimentos do ofensor, mas com amor e graça. Para perdoar, não precisa nem que o outro reconheça que ele estava errado e você estava com a razão. Precisa apenas de amor, como aquele que Cristo demonstrou a todos, inclusive a você.

Prescrição:

"AH, MUITO DIFÍCIL AMAR COMO CRISTO!"

TAMBÉM ACHO, MAS FOI ELE QUE ORDENOU EM JOÃO 15:12. COPIE ESTE VERSO AQUI:

ENTÃO, NÃO DISCUTA. TIRE UM TEMPO PARA ORAR E PEDIR SOCORRO AO ESPÍRITO SANTO PARA QUE ELE COLOQUE ESSE AMOR IMPOSSÍVEL NO SEU CORAÇÃO.

Rua Nazaré, 33
Jardim Alto da Babilônia

Dr. DANIEL BELTESSAZAR

Data: _____
Horário: _____

Perdão não é sentimento, é ação. Aliás, um monte de coisa no Reino de Deus não depende do que você está sentindo, mas é fruto de uma escolha.

Quais são as atitudes do perdão?
São três:

- Orar por quem você perdoou;
- Fazer o bem por essas pessoas;
- Não buscar vingança.

Perdão é uma decisão. Se você tiver de tomar essa decisão durante todos os dias durante um ano, tome. Se for preciso 70x7 por dia, perdoe. Não se trata de um esforço de esquecer e deixar para lá o que aconteceu, mas de não permitir que o veneno do ressentimento continue a fazer efeito na sua vida diariamente.

Prescrição:

Como você tem estado em relação às pessoas sobre as quais você tem orado desde anteontem?

Hoje você vai mandar uma mensagem para elas.

Não precisa tocar no assunto se não quiser. Escreva algo do tipo: "Oi, Fulano, bom dia. Tenho orado por você. Que Deus te abençoe".

Depois, volte aqui e escreva como foi a experiência, e se a pessoa lhe respondeu alguma coisa.

Rua Nazaré, 33
Jardim Alto da Babilônia

Dr. LUCAS DE ANTIOQUIA

Data: _____

Horário: _____

SESSÃO
81

Mais feliz do que ser perdoado é poder perdoar. Quem perdoa mostra que tem o caráter do Cristo.

Estevão foi um cara que teve o privilégio de poder repetir as mesmas palavras de Jesus na mesma situação em que ele as proferiu: "Senhor, não os consideres culpados deste pecado" — foi o que ele disse enquanto era apedrejado **(Atos 7:60)**.

O pessoal ali parou de apedrejar? Não! Pediram desculpa? Não. Foi pior: o homem por trás da operação — Saulo de Tarso — começou uma perseguição violenta contra todos os outros cristãos de Jerusalém.

Mas assim como o perdão que Cristo pediu na cruz pelos seus assassinos **(Lucas 23:34)** gerou salvação, Saulo mais tarde foi tocado pelo próprio Cristo e se tornou mártir como Estevão.

Seu perdão pode gerar vida, a começar em você mesmo.

Prescrição:

Hoje você vai encorajar alguém a perdoar outra pessoa, com base na sua experiência dos últimos dias.

Acho que não será difícil você encontrar alguém em seu círculo de convivência que tenha ressentimento contra outra pessoa. Converse com ele sobre o que você tem aprendido nos últimos dias e incentive-o a caminhar nos mesmos passos com você. Orem juntos pela vida de vocês e das outras pessoas envolvidas, para que reflitam o perdão e a misericórdia que receberam de Cristo.

Esse sou eu encorajando outra pessoa a perdoar o próximo

Rua Nazaré, 33
Jardim Alto da Babilônia

ÍNDICE **LPJ**

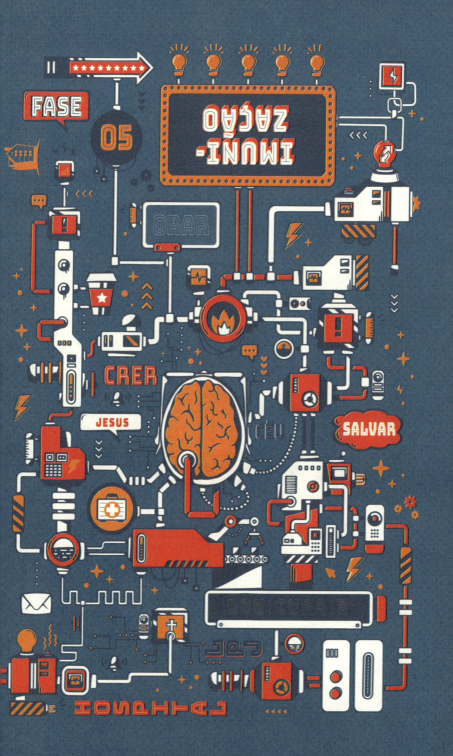

Dr. LUCAS DE ANTIOQUIA

SESSÃO
82

Data: _____

Horário: _____

Ser louco por Jesus pode ser perigoso. Podemos enfrentar as artimanhas do diabo o tempo todo.

Quando alguém tá começando a apresentar sintomas de uma paixão exagerada por Jesus e um amor fritando pela Bíblia e pela oração, quando tá querendo se destacar no Reino de Deus e viver uma vida piedosa pelo Senhor, Satanás contra-ataca.

Não ache que sua loucura é terminal. Infelizmente, você pode perdê-la.

Tinha um cara que andava com a gente, que se chamava Demas. Ele e eu trabalhávamos ao lado do Paulo. Mas aí, o cara começou a perder o interesse. Era difícil manter o ritmo. Outras coisas chamaram mais a atenção e, num certo dia, ele fez as malas e deu no pé. Paulo dizia que ele "amou o presente século", e por isso tinha deixado a gente e, pior, Jesus **(2Timóteo 4:10)**.

Por isso, é preciso vigiar. Não se considere um louco graduado. Você sempre será um louco em formação.

Prescrição:

Vamos vigiar!

Quero desafiar você a fazer um jejum hoje, qualquer um dos três tipos que o Daniel apresentou na sessão 50. No momento em que você normalmente faria a coisa da qual irá jejuar (seu almoço, seu tempo na net etc.), ore e peça clareza ao Espírito sobre quais áreas da sua vida podem ser uma pedra de tropeço para a sua loucura.

Anote seus pensamentos e descobertas aqui.

_____

_____

_____

_____

_____

_____

_____

_____

_____

_____

_____

_____

Nós vamos trabalhar pesado nesse assunto nos próximos dias. É bom você já saber em que áreas deve ficar antenado pra proteger sua loucura com unhas e dentes!

Rua Nazaré, 33
Jardim Alto da Babilônia

Dr. LUCAS DE ANTIOQUIA

Data: _____

Horário: _____

SESSÃO
83

Vamos começar hoje uma campanha de imunização. A primeira vacina é contra alianças erradas.

Guarde isso pro resto da sua vida: alianças erradas são pessoas erradas na hora certa ou pessoas certas na hora errada. Se você aprender isso, vai estar imune pra sempre.

Envolver-se com gente errada é fatal. Gente muito phyna com Deus errou grande por causa dessas alianças. Isso porque quem é do diabo sempre é mais astuto que os loucos por Jesus. O próprio Jesus falou isso, alguém me contou e eu anotei no meu livro: "os filhos deste mundo são mais astutos no trato entre si do que os filhos da luz" **(Lucas 16:8)**.

Sei que o melhor remédio para muitas doenças é a prevenção. No seu caso também: proteja sua loucura evitando entrar em alianças erradas.

Prescrição:

Alianças erradas não acabam por conta própria. É você que tem de acabar com elas. Ainda há pessoas em sua vida que podem ameaçar sua loucura por Jesus? Às vezes pode até ser gente da igreja, que tá lá todo domingo, mas não tem a mesma paixão que você.

Sim, Zé, você vai dar tchau pra essa pessoa e desfazer o relacionamento que mantêm: romântico, amizade, ou seja lá o que for.

Como as alianças erradas geralmente nascem da falta de uma aliança certa, procure pessoas com as quais você possa se aliar para crescer no seu amor por Jesus.

← Aliança certa é com JESUS!

Rua Nazaré, 33
Jardim Alto da Babilônia

ÍNDICE LPJ

Dr. JOÃO BATISTA

Data: _____

Horário: _____

SESSÃO **84**

Tem gente com um sinal luminoso na testa dizendo: "Eu vou te ferrar, acabar com a sua vida, e desfilar com sua cabeça no próximo carnaval". Geralmente seus pais veem, seus vizinhos veem, até os mortos veem. Mas você não vê.

Porquê? Porque você tá in love com ela...

Sempre você. Anestesiado de paixão.

Então, vamos desanestesiar você: NÃO SE ENVOLVA SENTIMENTALMENTE COM ALGUÉM QUE NÃO TEME A DEUS COMO VOCÊ — atenção ao "como você" — PORQUE A LOUCURA POR JESUS É DESTRUÍDA POR CAUSA DE UM RELACIONAMENTO DESIGUAL.

Não estou falando de pegar a mulher do seu irmão, como Herodes fez. Tô falando de até de se casar com uma varôua do Senhor, MAS QUE NÃO AMA A ELE COMO VOCÊ. Se isso acontecer, esse alguém será o fardo que você vai ter de carregar pro resto da vida.

Não consegue controlar seu coração? Faz que nem eu: fica sozinho até Deus dizer que você tá pronto. (Observação: eu morri antes dessa hora chegar.)

Prescrição:

SE TEM |ALGUÉM| DANDO TOQUE SOBRE SEU RELACIONAMENTO, É PORQUE VOCÊ PRECISA ABRIR O OLHO.

ALGUÉM SIGNIFICA "QUALQUER PESSOA". NÃO ESPERE MIGUEL, COM ESPADA FLAMEJANTE VINDO DA PARTE DO SENHOR. ESSE ALGUÉM PODE SER SUA VÓ, SEUS PAIS (GERALMENTE SÃO SEUS PAIS)... ATÉ UMA JUMENTA FOI MENSAGEIRA DE DEUS. ATENTE PRA MENSAGEM, NÃO DEIXE O MENSAGEIRO SER MAIS IMPORTANTE QUE ELA.

Rua Nazaré, 33
Jardim Alto da Babilônia

Dr. LUCAS DE ANTIOQUIA

Data: _____
Horário: _____

SESSÃO
85

> Não queira ser o salvador do mundo. O problema não está em não ser capaz de fazer isso. O problema é justamente você conseguir.
>
> Não conheço uma única pessoa que tenha salvado o mundo e que tenha permanecido inabalável. Noé salvou o mundo e depois tomou um porre! O mesmo aconteceu com Judas: ele recebeu poder pra expulsar demônio, curar pessoas — ele era um dos 12!!! Barnabé não foi um dos doze, Estevão não foi um dos 12, mas Judas foi! E a última história desse cara do seleto grupo de discípulos foi um relato de ganância, traição e suicídio.
>
> A última história desses homens não foi sobre como salvaram o mundo, mas como se afundaram após terem feito isso.
>
> Só tem uma pessoa que salvou o mundo e que não tinha área frágil. Todos o resto caiu por causa de uma fraqueza de caráter, a fim de que a glória nunca fosse para ela, mas para o verdadeiro Salvador.

Prescrição:

Hoje você vai fazer uma coisa bem TOP por alguém: dar uma carona, emprestar seu carro, passar toda a roupa da casa, ceder o lugar na fila de 5km. Pensa aí.

Quando a pessoa for agradecer, você vai dizer com alegria e gentileza: "Não precisa me agradecer. Se eu faço alguma coisa boa, é porque Jesus me ajuda a ser bom. Agradeça a ele!".

Você só não precisa falar isso se a pessoa não agradecer kkk. Nesse caso, diga isso a você mesmo.

Rua Nazaré, 33
Jardim Alto da Babilônia

ÍNDICE LPJ

Dr. HABACUQUE PROFETTI

Data: _____

Horário: _____

SESSÃO
86

Quem é sua autoridade?

_____

Aposto que você escreveu "Jesus".

Mas aqui nesta terra, a quem você se submete? O louco por Jesus entende e aceita as autoridades instituídas sobre a sua vida. Seus pais, seu pastor, seus líderes civis etc., todos eles são representações da autoridade de Jesus sobre você. Sendo assim, você se submete a elas por causa de Jesus, porque quando faz isso, é a Jesus que você está realmente se submetendo.

A independência é uma armadilha enorme para o louco por Jesus. Muitos — MUITOS — mais santos que você já caíram nela. Acharam que por ler a Bíblia todo dia, por ter intimidade com Deus na oração, por fazerem grandes coisas em nome de Deus não precisavam se submeter à liderança nenhuma. Foi um erro fatal.

Loucura por Jesus não se vive sozinho, com o pastoreio do YouTube. Você precisa de gente de carne e osso, para resistir à tentação do orgulho.

Prescrição:

==Pense numa pessoa que você considera autoridade sobre sua vida, principalmente do ponto de vista da integridade.==

==Hoje você vai mandar uma mensagem pra essa pessoa dando a ela total liberdade para falar com você e chamar sua atenção quando ver que você está saindo dos trilhos.==

==(Se preferir, você pode dizer isso a ela pessoalmente da próxima vez que se encontrarem, em vez de mandar a mensagem.)==

MOMENTO DESAFIO MUSICAL ♫♫♫

Pensa ai no tema que você acabou de ler. Reflita e faça uma ==composição musical (pode ser uma poesia também)== sobre esse mesmo assunto!

Rua Nazaré, 33
Jardim Alto da Babilônia

ÍNDICE LPJ
⚡⚡⚡⚡⚡

Dr. DANIEL BELTESSAZAR

Data: _____

Horário: _____

SESSÃO
87

Você tem percepção do mundo espiritual que cerca você, ou acha que dinheiro, pregação e música legal resolvem tudo?

Estamos em dias de guerra. Essa luta não é por dinheiro nem por poder. É uma luta por almas humanas, pela SUA alma. Não é hora de ficar com o controle remoto na mão, deitado, buscando seriado no Netflix.

Assim, a sua luta não é contra as pessoas que lhe passaram para trás, que abusaram sexualmente de você, que prometeram se casar e não casaram. A sua luta é contra quem quer — e pode — destruir a sua alma.

Acorde para a luta, senão você morrerá sem saber de onde veio o tiro. Não menospreze essa guerra. Ela é tão real e bíblica quanto o céu e a salvação. Loucos por Jesus morrem no dia em que acham que estão imunes à batalha.

Hospital Loucos por Jesus

Prescrição:

Durante dois dias (hoje e amanhã; ou amanhã e depois), você vai sair de casa sem embelezar seu corpo: sem perfume, sem maquiagem, sem bijuteria, sem academia, sem roupa chamativa, sem esculpir o topete.

Isso vai ser — vir de lembrete de que você está em guerra, e que o prêmio é a sua alma. Nesses dias, dê atenção à sua alma. Fortaleça e concentre seus esforços nela.

Rua Nazaré, 33
Jardim Alto da Babilônia

Dr. LUCAS DE ANTIOQUIA

Data: _____

Horário: _____

SESSÃO **88**

Às vezes, quando ganhamos algumas batalhas, abaixamos a guarda porque acreditamos que já vencemos a guerra.

Conheci os filhos de um homem chamado Ceva, que erraram feio quando acharam que a caminhada cristã era um algodão-doce, e não uma batalha. Eles foram tentar expulsar demônios assim, sem preparo nenhum, e acabaram tomando uma surra tão grande deles que até perderam as calças.

A hora de se preocupar mais com a guerra não é antes dela, mas depois, porque é quando a gente abaixa a guarda.

Mantenha sua rotina pré-guerra mesmo depois que ela tenha (ou pareça ter) acabado, para você não ser pego de surpresa e sair sem calças por aí.

Prescrição:

Já dizia o ilustre não-sei-quem que o ataque é a melhor defesa. Então, hoje, você vai guerrear atacando!

Saia pelas ruas do seu bairro clamando pela sua cidade, apresentando a Deus as pessoas que passarem por você. Com sua oração, abençoe o comércio local, as famílias que vivem nas casas pelas quais você passar. Você não precisa conhecer ninguém - sua guerra não é contra eles.

Clame a Deus para que o poder do sangue de Cristo cubra a sua vizinhança, permitindo que seus vizinhos e seu bairro tenham a oportunidade de conhecer Jesus.

Rua Nazaré, 33
Jardim Alto da Babilônia

ÍNDICE LPJ
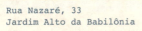

Dr. JOÃO BATISTA

Data: _____

Horário: _____

SESSÃO 89

Todo começo de história é lindo, já reparou? Davi foi lá e matou um gigante, Moisés foi resgatado de um rio, Abraão abandonou a família dele. Tudo lindo. Beijo pra Davi, Moisés e Abraão!

Mas aí... No meio da caminhada, o coração deles foi saindo da rota um pouquinho, um pouquinho só, e um tempo depois perceberam o quanto estavam longe do destino. É assim que acontecem os adultérios, os assassinatos, as mentiras.

Desalinhar-se é perigoso demais. Pode parecer que foi só um tiquinho, mas logo depois você percebe o quanto está longe, longe, longe do destino que Deus traçou pra você.

Para tudo! É hora de recalcular a rota.

Prescrição:

JESUS DEU ESSA CHAMADA DE ATENÇÃO NA IGREJA DE ÉFESO, MAS SERVE PRA VOCÊ TAMBÉM. ANOTE AÍ: QUE COISA VOCÊ FAZIA QUANDO SE APAIXONOU POR JESUS E QUE HOJE NÃO FAZ MAIS?

QUAIS DESSAS COISAS VOCÊ VAI DECIDIR RETOMAR?

REESCREVA AQUI O TEXTO DE APOCALIPSE 2:4-5A:

Rua Nazaré, 33
Jardim Alto da Babilônia

ÍNDICE **LPJ**

Dra. MARIA DE BETÂNIA

Data: _____

Horário: _____

SESSÃO **90**

Os seus sonhos têm levado você pra longe do rumo?

Não tem problema ter sonhos. Tudo bem querer casar, fazer uma faculdade, planejar uma viagem. Deus tem prazer em que seus filhos desfrutem da vida plenamente, como ele planejou. O problema é quando esses sonhos tomam o lugar de Deus, e você passa a negociar certos princípios, certos valores para realizar os seus desejos. No meio do caminho, você pode até ganhar o mundo, mas perderá sua alma.

Dentro dos sonhos de Deus para você, dentro do caminho que ele traçou para você seguir, todos os seus sonhos podem se realizar. Mas quando você escolhe deixar Deus de lado para seguir seu coração, você fracassa em realizar tanto os seus sonhos como os que o Senhor tem para você.

Queira fazer coisas, mas não seja louco por elas. Não deixe seus sonhos tirarem você da rota. Submeta-os ao plano perfeito do Pai.

Prescrição:

Quais são os planos que você tem para a sua vida nos próximos anos? Escreva ou desenhe-os nas bolinhas abaixo.

Nos próximos dias, ore especificamente por cada um desses sonhos, e peça a confirmação de Deus para eles. Talvez você não receba uma resposta sobre todos, mas se algum deles o incomodar profundamente, escolha abrir mão dele para não perder o rumo.

Rua Nazaré, 33
Jardim Alto da Babilônia

Dr. HABACUQUE PROFETTI

Data: _____

Horário: _____

SESSÃO
91

Não coloque sua loucura nas coisas que vão passar.

Sua igreja vai passar, seu ministério vai passar, sua banda vai passar. Você vai passar. Até a uva passa.

Quem hoje é mano vai virar tiozão; quem é a Branca de Neve pode vir a fazer o papel da Bruxa Má. Daqui uns cinquenta anos quase ninguém que estiver no mesmo lugar em que você está hoje — na sua sala de aula, no seu escritório, na sua igreja — vai saber quem você foi ou o que fez.

Se sua loucura por Jesus estiver ancorada nessas coisas, o que você vai fazer quando elas — puff! — desaparecerem?

Seus olhos devem estar fixos no destino, e não nas paisagens que aparecem pelo caminho. Seu prêmio soberano é Jesus. Ele nunca vai passar.

Prescrição:

Hoje você vai abrir mão de algo de que gosta muito. Pode ser uma peça de roupa, um perfume, um livro, um mimo que ganhou de presente. Entregue essa coisa a alguém de quem você também goste bastante, dizendo que espera que aquilo seja uma bênção na vida dela.

Depois, sozinho em seu quarto, agradeça a Deus por ele ser realmente tudo de que você precisa para viver. Passe alguns momentos meditando e desfrutando dessa verdade.

MOMENTO MUSICAL

O Rebolado foi uma banda top que fazia um baita sucesso uma geração atrás. Irreverentes, os rapazes causavam um rebuliço com seu som e seu jeito de ser, numa época em que crente ainda era meio careta. Uma música que eles cantavam dizia: *Tudo passará, mas o amor é eterno.* Se liga nessa — tudo o que existe neste mundo vai passar, brother. Só o amor de Deus é eterno.

Rua Nazaré, 33
Jardim Alto da Babilônia

ÍNDICE **LPJ**

Dr. LUCAS DE ANTIOQUIA

SESSÃO
92

Data: _____

Horário: _____

O dinheiro é uma ENORME ameaça à sua loucura. O dinheiro não. O amor ao dinheiro. Você sabe: "o amor ao dinheiro é _____ _____" **(Timóteo 6:10)**. A frase não acaba aí: "Algumas pessoas, por cobiçarem o dinheiro, _____ _____".

Ou seja, essas pessoas estavam vivendo tranquilas e pensaram: "Puxa, tá tudo tão bom, deixa eu arrumar um problema". Qual o problema? Cobiçar o dinheiro. Querer mais do que precisa.

Jesus não era de falar nome de potestades e nem demônios, mas ele cita Mamom pelo nome, e diz que esse deus da riqueza compete com ele para ganhar o amor dos homens **(Mateus 6:24)**.

Não subestime o poder do dinheiro. Em nome do lucro, a Palavra de Deus é difamada, os padrões são deixados de lado e a sua loucura por Jesus vai pro espaço.

Prescrição:

Lembra do missionário com quem você fez contato lááááá no dia 27? Lembra não? Olha lá! E aí, como eles está? Tem falado com ele? TEM CONTRIBUÍDO COM ELE?

Resolva hoje abençoar esse irmão de maneira especial, enviando uma oferta para algum projeto específico que ele tem realizado, ou pra ele comprar algo específico para si mesmo. Se ele não estiver mantendo contato com você, apenas envie a oferta e mande um e-mail dizendo que quis abençoá-lo de forma especial hoje.

Quando ele responder, anote a resposta aqui.

Apenas o necessário!!

Rua Nazaré, 33
Jardim Alto da Babilônia

Dr. LUCAS DE ANTIOQUIA

Data: _____

Horário: _____

SESSÃO **93**

Queria ter conhecido Zaqueu pessoalmente. Só conheci sua história.

Ele foi um cara que ficou instantaneamente louco por Jesus. A primeira atitude dele depois que entregou sua vida a Cristo foi dar metade dos seus bens aos pobres.

Tinha seis pares de tênis. Doou três aos pobres.

Tinha dois carros. Doou um aos pobres.

Depois, da metade que ficou pra ele, Zaqueu se comprometeu a ressarcir as pessoas que ele tinha roubado, pagando quatro vezes mais do que tinha levado.

Tinha pegado um livro emprestado do Fulano, e nunca devolveu. Comprou o livro e outros três pra dar de volta.

Pegou mil reais emprestado do Sicrano e nunca pagou. Apareceu lá na casa dele com quatro mil.

Em questão de minutos, Zaqueu entendeu que a fidelidade a Jesus vem antes que qualquer compromisso financeiro. Louco por Jesus não dirige sua vida financeira pelas notícias do jornal. Ele continua sendo fiel a Deus e generoso para com o próximo.

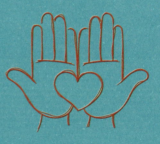

Prescrição:

Vamos desapegar?

Hoje você vai dar alguma coisa SUA para alguém. Pode ser uma carona, um sapato, uma roupa, um telefonema, uma oferta... Mas além de dar, você vai dar em nome de Jesus. Diga: "Em nome de Jesus, estou te dando isso aqui", "Por causa de Jesus, estou te dando isso aqui", "A pedido de Jesus, estou te dando isso aqui" – como você está fazendo em nome de Jesus, não é pra dar nada estragado, que você iria jogar fora. É uma coisa que Jesus REALMENTE gostaria que você desse.

Depois, anote aqui como foi fazer isso.

_____

_____

_____

_____

_____

_____

_____

_____

_____

_____

_____

_____

Rua Nazaré, 33
Jardim Alto da Babilônia

Dr. DANIEL BELTESSAZAR

Data: _____

Horário: _____

SESSÃO
94

Você tem problema em lidar com perdas financeiras?

Você pode dizer que não, mas quero que considere isso: o ser humano é muito apegado a dinheiro. O que nos impede de realizar sonhos geralmente é a falta dele. A solução para todos os nossos problemas sempre é ganhar uma bolada. Muitos hoje vivem exageradamente preocupados com o dinheiro.

Quando Jesus não está no centro da vida de uma pessoa, ela perde sono e alegria por causa de grana, e um prejuízo financeiro passa a ser a coisa que ela mais teme na vida.

O louco por Jesus não tem dificuldade de viver perdas. Seu coração não está nas coisas que recebeu, mas no Deus que as concedeu.

Prescrição:

Conhece essa música? *Tudo entregarei! | Tudo entregarei! | Sim, por ti, Jesus bendito, | Tudo deixarei!*

Procure por ela no YouTube e ouça. O que é o "tudo" que você ainda precisa entregar a Jesus? Seu salário, e não só 10%? Seu namoro? Seu carro? Suas roupas? Suas saídas de fim de semana? Escreva abaixo que coisas ainda não foram entregues total- mente a Jesus (use outra folha se precisar).

Entregá-las não significa se desfazer delas. É usar cada uma delas apenas para a glória de Jesus, e não para o seu próprio prazer. Como você pode fazer isso em relação aos itens que listou acima?

Rua Nazaré, 33
Jardim Alto da Babilônia

ÍNDICE **LPJ**

Dra. MARIA DE BETÂNIA

SESSÃO 95

Data: _____

Horário: _____

Assim como uma árvore é sustentada por raízes, só ficaremos de pé se não nos esquecermos das nossas raízes.

Sem raiz você não corre perigo: você já morreu.

A raiz que o sustenta é a graça de Deus. Graça é o favor do Senhor sobre você. É o que sustenta você física, espiritual, emocionalmente.

Ser louco por Jesus é saber que você chegou até onde está apenas pela graça. Sua salvação não tem nada a ver com o que ele é ou o que fez, mas com a graça de Jesus.

Em segundo lugar, o louco sabe que ele só poderá continuar sua caminhada também pela graça. Ele entende que nunca chega um ponto na vida cristã em que ele pode seguir sozinho, com a bagagem que acumulou. Isso é negar as raízes e morrer. Se você começou pela graça, também deve ser aperfeiçoado por ela.

Prescrição:

Hoje, você vai fazer duas coisas. Em primeiro lugar, leia esses três textos do Paulo e copie aqui o que impactar mais a você: 1Coríntios 15:8-10; Filipenses 3:4-7; 1Timóteo 1:12-14.

_____
_____
_____
_____
_____
_____
_____
_____

Agora, a exemplo de Paulo, escreva aqui quem você era e no que a graça de Deus o transformou.

_____
_____
_____
_____
_____

Rua Nazaré, 33
Jardim Alto da Babilônia

Dr. DANIEL BELTESSAZAR

Data: _____

Horário: _____

SESSÃO
96

> Sua loucura é por Jesus ou pelo ensino sobre Jesus?
>
> Tem muita gente fazendo da teologia, do estudo da Bíblia, um fim em si mesmo, ao ponto de preferirem ganhar a discussão a ganhar o outro para Jesus. Ou preferem provar que o ponto de vista do irmão está errado a dar as mãos e servirem ao Senhor juntos.
>
> Quem age assim é louco por qualquer coisa, menos por Jesus. Essa pessoa sabe tudo sobre a história dos reformadores, os pontos e vírgulas da teologia sistemática, mas ele não sabe se sentar diante de outro ser humano, ouvir seus problemas e orar com ele.
>
> Não permita que o que você sabe sobre a Bíblia ou Cristo desviem você de amar e servir a Jesus.

SEJAMOS TODOS LOUCOS POR JESUS

Prescrição:

Transcreva aqui o texto de 1 Coríntios 1:10:

Existe alguém de sua igreja, ou outro cristão que você conheça com certa proximidade, que tem pensamentos bem diferentes dos seus em relação a certos ensinos bíblicos? Mande uma mensagem para ele hoje, dizendo o quanto você se alegra de tê-lo como irmão e poderem servir juntos ao mesmo Senhor, mesmo tendo pensamentos diferentes.

Rua Nazaré, 33
Jardim Alto da Babilônia

Dr. LUCAS DE ANTIOQUIA

SESSÃO
97

Data: _____

Horário: _____

É possível nunca mais sair do caminho e nunca perder sua loucura por Jesus.

Como você consegue isso?

1. Sabendo que é Deus quem o mantém na linha **(2Coríntios 1:21)**. Você não se mantém firme com esforço próprio. É a mão de Deus que sustenta você e eu. É a mão dele que traz você até o céu.

2. Cutucando um ao outro **(Hebreus 3:12)**. É na amizade, na igreja e no dia a dia que os crentes se mantêm firmes, com um ajudando o outro a evitar e a vencer o pecado.

3. Não ignorando os planos do diabo **(2Coríntios 2:11)**. Ele não tem pressa. Ele espera o tempo que for necessário pra atrair você pra fora do caminho. Não é um empurrão; é aos poucos, de modo bastante sutil.

Confie em Deus, ande em grupo e esteja atento. É assim que o louco sobrevive.

Prescrição:

Dos três pontos que eu mencionei hoje, qual ainda está meio capenga na sua vida?

1. Conhecimento de Deus;
2. Comunhão com os loucos;
3. Senso de estar em guerra.

Bole um plano de como você pode fortalecer essa área em sua vida, e mãos à obra!

Rua Nazaré, 33
Jardim Alto da Babilônia

Dr. HABACUQUE PROFETTI

Data: _____

Horário: _____

SESSÃO 98

Minhas dicas para manter a loucura por Jesus.

Não desista do que Jesus ensinou e do preço que ele pagou. Lembre-se de quem Cristo é e lembre-se de onde ele tirou você e aonde o colocou. Lembre-se de que Deus só tinha Jesus de Filho, e mandou ele morrer por você. Lembre-se do túmulo vazio. Nada no mundo é e nem pode ser mais valioso do que isso.

Sua fé será recompensada se você não desanimar antes. Você tem de perseverar. A vida não é micro-ondas. Você não vai receber amanhã o que está plantando agora. Mas a recompensa virá no futuro. Se você perseverar, irá colher um casamento louco por Jesus, filhos loucos por Jesus, um ministério louco por Jesus.

Por fim, lembre-se de que Jesus está voltando. Todas as coisas estão para acabar. Quando ele chegar, como você quer que ele o encontre?

Prescrição:

JESUS ESTÁ VOLTANDO!

Qual foi a última vez que isso passou pela sua cabeça?

_____

_____

_____

_____

Hoje você vai conversar com um cristão e um não cristão sobre esse assunto. Com o cristão, converse sobre as expectativas de vocês quanto à volta de Cristo. Com o não cristão, pergunte a ele quais são os pensamentos que têm a respeito do fim do mundo, e anuncie a volta do Senhor Jesus, que restaurará todas as coisas.

Para se inspirar leia e transcreva aqui o texto de Apocalipse 22:12-14 e 16-17.

_____

_____

_____

_____

_____

_____

_____

MOMENTO MUSICAL

Sim, eu sou louco por Jesus! E há muita gente louca assim, por aí — caso do Vinícius Melo, autor de *Louco por você*. A gente tem mais é de ficar apaixonado por Jesus e desesperado pelo seu amor. E, não importa o que vão dizer de nós.

Rua Nazaré, 33
Jardim Alto da Babilônia

Dr. JOÃO BATISTA

Data: _____

Horário: _____

SESSÃO **99**

¡Adiós, muchacho!

Eu fui nazireu. Quer dizer nunca cortei o cabelo e nunca tomei nada com álcool. Foi uma ordem que o anjo deu pro meu pai, pra me criar assim, e que eu observei com todo o rigor.

Suponho que você não seja nazireu. Mas convido você a dar um ou dois passos além no seu compromisso com Jesus. Fazer algo louco mesmo, que vai além do arroz-com-feijão da sua vida cristã.

Você pode acabar o Tratamento aqui. Tudo certo, muito obrigado, foi um prazer, tchau e bênção. Ou você pode ir além.

Aqui vão alguns motivos para fazer isso:

- Porque seu coração lhe diz para fazer;

- Porque arde em você uma paixão muito grande por Cristo, e isso não lhe permite viver na mesmice;

- Porque na Bíblia, e através dos séculos, milhares de cristãos fizeram e fazem loucuras por ele;

- Porque a graça do Senhor impulsiona você a ir além;

- Porque você quer ser uma pessoa melhor;

- Porque você ama a Jesus;

- Porque você não quer ser um cristão legalista;

- Porque você não quer viver conformado;

- Porque ao final de cada propósito vai haver menos de você e mais dele.

Se quiser saber mais, volte amanhã.

Prescrição:

AH, NÃO, INDICAR É MUITO POUCO!
PRESENTEIE A PESSOA COM O TRATAMENTO,
E SE COLOQUE À DISPOSIÇÃO DELA PARA
CONVERSAR SOBRE AS LIÇÕES E DESAFIO QUE ELA
ENCONTRAR DURANTE O PROGRAMA.

MAS ANTES DE IR EMBORA, SEU ÚLTIMO DESAFIO
SERÁ O DE INDICAR ESTE TRATAMENTO A ALGUÉM
QUE ESTÁ COMEÇANDO NA CAMINHADA DELE DE
LOUCO POR JESUS.

Rua Nazaré, 33
Jardim Alto da Babilônia

ÍNDICE **LPJ**

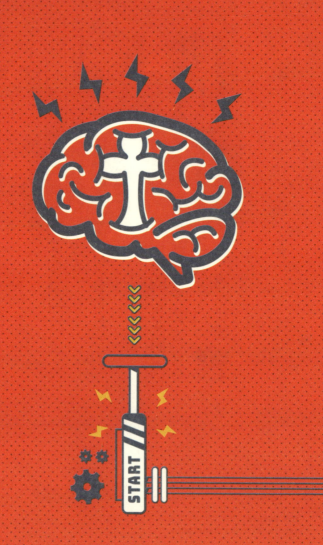

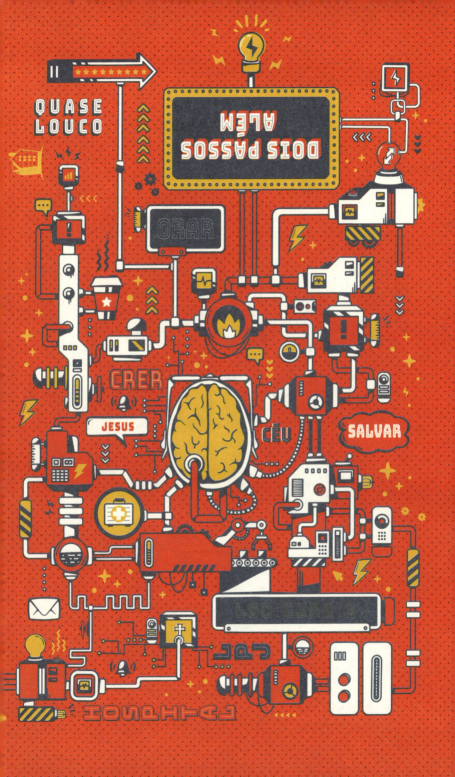

Dr. LUCAS DE ANTIOQUIA

Data: _____

Horário: _____

PASSO 01

Você, como louco, pode fazer um voto. Voto é uma promessa de fazer algo para Deus caso algum sonho ou alvo seja alcançado. Meu amigo Paulo, por exemplo, prometeu raspar a cabeça se determinado alvo dele fosse alcançado. Como isso se concretizou, ele cumpriu seu voto e ficou careca.

O voto não é uma tentativa sua de torcer o braço de Deus para convencê-lo a fazer o que você quer. O sentido original do voto é consagração e gratidão a Deus. Quem está muito agradecido a Deus, faz voto.

Por que fazer? Porque você é louco e quer demonstrar seu amor pra ele. Por trás de todo mundo que está vivendo uma vida com Cristo que parece mais apimentada que a sua, tem um segredinho: o voto.

Não é obrigação, e não fazer não significa que você está pecando. Mas se você quer ir além, considere fazer um voto para o Senhor.

Prescrição:

Que voto você poderia fazer como demonstração da sua loucura e gratidão por Cristo? Enquanto pensa aí, veja mais alguns cuidados que deve observar em relação ao seu voto:

• Pense que terá de cumpri-lo. Não se precipite, avalie o sacrifício antes de fazer para você não se arrepender mais tarde.

• Cuidado pra não pensar em uma coisa idiota, do tipo: "Ah, se Deus me atender, vou parar de cutucar o nariz", ou uma coisa que você já deve fazer, tipo: "Se o Senhor me curar, vou ler a Bíblia todo dia".

• Cuidado também para que seu voto esteja alinhado à Palavra de Deus.

• Jamais pense em fazer um voto para outra pessoa cumprir. Você tem de arcar com o peso do seu voto.

• Por fim, se você perceber que seu voto foi um ato de tolo, peça perdão a Deus, ajuste seu voto no que for necessário e continue.

Já decidiu?

Rua Nazaré, 33
Jardim Alto da Babilônia

ÍNDICE LPJ

Dra. MARIA DE BETÂNIA

Data: _____

Horário: _____

PASSO
02

Outro passo além que você deve dar para aumentar sua loucura é fazer um propósito. Diferente do voto, o propósito não está ligado a receber algo, mas acontece apenas porque você ama Jesus.

É desnecessário? Vão dizer que sim. E é mesmo. Super desnecessário. Mas é aí que está a loucura: você não faz porque é necessário, mas porque quer. Porque ama.

Quando Jesus ressuscitou Lázaro, eu fiquei tão emocionada que peguei um perfume muuito caro (o vidro custava 12 meses de salário) e joguei tudo em Jesus. Aí todo mundo ficou: "Mimimi, por que isso?"; "Mimimi, que desperdício!"; "Mimimi, os pobres passando fome e ela aí, perfumando Jesus".

Sinceramente, não dei trela para eles. Mas foi MUITO ESPECIAL quando Jesus se levantou em minha defesa e disse: "Por que vocês estão perturbando essa mulher? Ela praticou uma boa ação para comigo". E ele foi além: "Eu lhes asseguro que em qualquer lugar do mundo inteiro onde este evangelho for anunciado, também o que ela fez será contado, em sua memória".

Não estou querendo aparecer, estou contando isso pra inspirar você. A gente pode ouvir coisas maravilhosas da boca de Jesus quando fazemos algumas extravagâncias para ele.

Prescrição:

Este último desafio é livre. Você vai criar a sua própria loucura por Jesus e sair espalhando pelo mundo, como fiz com o perfume.

Aprimore alguma prescrição que realmente impactou você ao longo do Tratamento. Investigue sua Bíblia para ver quais as loucuras que outros irmãos fizeram por Cristo.

Escreva seu plano aqui. E depois, compartilhe com o mundo.

_____
_____
_____
_____
_____
_____
_____
_____
_____
_____
_____
_____

Rua Nazaré, 33
Jardim Alto da Babilônia

ÍNDICE **LPJ**

ALTA HOSPITALAR

A Junta Médica do Tratamento de Choque para Loucos por Jesus declara que o paciente

_____

_____, recebeu alta do programa, após ter cumprido todas as exigências.

Observação: este documento não é o atestado de loucura final. Ele será entregue pelo próprio Doutor Jesus Nazareno, por ocasião da chegada do paciente à Jerusalém Celestial.

Daniel Beltessazar

Dr. Daniel Beltessazar
Nutricionista espiritual

Habacuque Profetti

Dr. Habacuque Profetti
Reconstituidor terapêutico

JOÃO BATISTA

Dr. João Batista
Anti-anestesista

Lucas de Antioquia

Dr. Lucas de Antioquia
Agente de imunização

Maria de Betânia

Dra. Maria de Betânia
Almaterapeuta